Prix : **60** centimes

AUTEURS CÉLÈBRES

Edgar POË

CONTES EXTRAORDINAIRES

PARIS
C. MARPON ET E. FLAMMARION
ÉDITEURS
26, RUE RACINE, PRÈS L'ODÉON

CONTES EXTRAORDINAIRES

AUTEURS CÉLÈBRES, à 60 centimes le volume (franco)

1. Camille Flammarion, **Lumen**.
2. Alph. Daudet, **La Belle Nivernaise**.
3. Emile Zola, **Thérèse Raquin**.
4. Hector Malot, **Une Bonne Affaire**.
5. André Theuriet, **Le Mariage de Gérard**.
6. L'Abbé Prévost, **Manon Lescaut**.
7. Eugène Chavette, **La Belle Alliette**.
8. G. Duval, **Le Tonnelier**.
9. Marie Robert Halt, **Histoire d'un Petit Homme**.
10. Bernardin de St-Pierre, **Paul et Virginie**.
11. Cat. Mendes, **Le Roman Rouge**.
12. Alexis Bouvier, **Colette**.
13. Louis Jacolliot, **Voyage aux Pays Mystérieux**.
14. Adolphe Belot, **Deux Femmes**.
15. Jules Sandeau, **Madeleine**.
16. Longus, **Daphnis et Chloé**.
17. Théophile Gautier, **Jettatura**.
18. Jules Claretie, **La Mansarde**.
19. Louis Noir, **L'Auberge maudite**.
20. Léopold Stapleaux, **Le Château de la Rage**.
21. Hector Malot, **Séduction**.
22. Maurice Talmeyr, **Le Grisou**.
23. Goethe, **Werther**.
24. Ed. Drumont, **Le dernier des Tremolin**.
25. Vast-Ricouard, **La Sirène**.
26. G. Courteline, **Le 51ᵉ Chasseurs**.
27. Escoffier, **Troppmann**.
28. Goldsmith, **Le Vicaire de Wakefield**.
29. A. Delvau, **Les Amours buissonnières**.
30. E. Chavette, **Lilie, Tutue, Bébeth**.
31. Ad. Belot, **Hélène et Mathilde**.
32. Hector Malot, **Les Millions honteux**.
33. X. de Maistre, **Voyage autour de ma Chambre**.
34. Alexis Bouvier, **Le Mariage d'un Forçat**.
35. Tony Révillon, **Le Faubourg Saint-Antoine**.
36. Paul Arène, **Le Canot des six Capitaines**.
37. Ch. Canivet, **La Ferme des Gohel**.
38. Ch. Leroy, **Les Tribulations d'un Futur**.
39. Swift, **Voyages de Gulliver**.
40. René Maizeroy, **Souvenirs d'un Officier**.
41. Arsène Houssaye, **Lucia**.
42. Theroulde, **La Chanson de Roland**.
43. Paul Bonnetain, **Au Large**.
44. Catulle Mendes, **Pour lire au Bain**.
45. Emile Zola, **Jacques Damour**.
46. J. Richepin, **Quatre petits Romans**.
47. Armand Silvestre, **Histoires joyeuses**.
48. Paul Dhormoys, **Sous les Tropiques**.
49. Villiers de L'Isle-Adam, **Le Secret de l'Echafaud**.
50. E. Daudet, **Jourdan Coupe-Tête**.
51. Camille Flammarion, **Rêves étoilés**.
52. Mᵐᵉ J. Michelet, **Mémoires d'une Enfant**.
53. Théophile Gautier, **Avatar. — Fortunio**.
54. Chateaubriand, **Atala. — René**.
55. Ivan Tourgueneff, **Récits d'un Chasseur**.
56. L. Jacolliot, **Le Crime du Mulin d'Usor**.
57. P. Bonnetain, **Marsouins et Mathurins**.
58. A. Delvau, **Mémoires d'une Honnête Fille**.
59. René Mazeroy, **Vava Knoff**.
60. Guérin Ginisty, **La Fange**.
61. Arsène Houssaye, **Madame Trois-Etoiles**.
62. Charles Aubert, **La Belle Luciole**.
63. Mir d'Aghonne, **L'Ecluse des Cadavres**.
64. Guy de Maupassant, **L'Héritage**.
65. Catulle Mendes, **Monstres parisiens** (nouvelle série).
66. Ch. Diguet, **Moi et l'Autre**.
67. L. Jacolliot, **Vengeance de Forçats**.
68. Hamilton, **Mémoires du Chevalier de Grammont**.
69. Martial Moulin, **Nella**.
70. Charles Deslys, **L'Abime**.
71. Fr. Soulié, **Le Lion amoureux**.
72. Hector Malot, **Les Amours de Jacques**.
73. Edgar Poë, **Contes extraordinaires**.
74. Edouard Bonnet, **La Revanche d'Orgon**.
75. Théo-Critt, **Le Sénateur Ignace**.
76. Robert-Halt, **Brave Garçon**.
77. Jean Richepin, **Les Morts bizarres**.
78. Tony Révillon, **La Bataille de la Bourse**.
79. Tolstoï, **Le Roman du Mariage**.
80. Francisque Sarcey, **Le Siège de Paris**.

EDGAR POE

CONTES EXTRAORDINAIRES

> Le Scarabée d'or.
> Le Puits et le Pendule. — Le Portrait ovale.
> La Lettre volée. — Le Chat noir.
> Double Assassinat de la rue Morgue. — Hop-Frog.
> Le Cas de M. Valdemar. — Le Corbeau.

PARIS

C. MARPON & E. FLAMMARION, ÉDITEURS

26, RUE RACINE, PRÈS L'ODÉON

Tous droits réservés.

LE SCARABÉE D'OR

LE SCARABÉE D'OR

Je nouai relation, il y a quelques années, avec un certain William Legrand. D'une bonne et ancienne famille protestante, il avait été riche jadis, mais des malheurs réitérés l'avaient réduit à la misère. Pour se soustraire à l'humiliation de ses revers, il abandonna la Nouvelle-Orléans, sa ville natale, et vint habiter l'île de Sullivan, près Charleston, dans la Caroline du Sud.

Cette île est fort bizarre. Elle a trois milles de long et n'est composée que de sable de mer, sa largeur ne dépasse pas un quart de mille. Une crique, presque invisible, qui filtre au travers de roseaux peuplés d'oiseaux aquatiques, la sépare du continent. C'est une végétation faible et chétive ; on n'y rencontre pas un gros arbre. A l'extrémité occidentale, près du fort Moultrie, au milieu de constructions en bois, habitées l'été par des gens qui fuient les fièvres de Charleston, le palmier nain sétigère donne un peu d'ombre ; c'est tout. Des broussailles de myrte couvrent le reste de l'île, et la transforment en un taillis parfumé, presque impénétrable.

A l'époque où je fis sa connaissance, Legrand s'était bâti une hutte au plus profond de ce taillis. Il m'intéressa si vite que nous fûmes bientôt liés étroitement dans cette solitude. Je m'aperçus qu'il avait une éducation solide, profonde ; mais une misanthropie incurable le rendait l'homme le plus versatile du monde, sceptique ou enthousiaste, du jour au lendemain. Ses livres, — il en avait beaucoup, — l'occupaient peu ; ses principales distractions étaient la chasse et la pêche, la chasse aux coquillages surtout. Il avait une collection d'échantillons entomologiques que Swammerdam lui eût enviée. Un vieux nègre nommé Jupiter l'accompagnait dans ses courses ; ce nègre, affranchi par ses parents, lui était absolument dévoué ; il n'avait jamais voulu quitter son jeune *massa Will*, dont il s'était volontairement constitué l'ombre. Peut-être aussi les parents de Legrand, lui croyant la tête dérangée, avaient-ils voulu lui donner un surveillant dévoué ?

Les hivers sont rarement rigoureux sous la latitude de l'île de Sullivan. Allumer du feu, c'est presque un événement. Cependant, il y eut une journée très froide vers le milieu d'octobre 18... Peu avant le coucher du soleil, j'allais voir mon ami dont je n'avais pas de nouvelles depuis quelques semaines. J'arrivai à la hutte, je frappai ; n'obtenant pas de réponse, je cherchai la clef à sa place habituelle et j'entrai. Un bon feu flambait dans l'âtre ; je quittai mon paletot, m'installai dans un fauteuil et attendis mon hôte.

Ils arrivèrent à la tombée de la nuit. Jupiter

prépara en riant une poule d'eau pour le souper, heureux de voir son maître dans un de ses rares accès d'enthousiasme. Legrand avait trouvé un bivalve d'une espèce inconnue; il avait chassé et attrapé un scarabée qu'il croyait nouveau et sur lequel il voulait avoir mon avis pour le lendemain.

— Pourquoi pas ce soir? demandai-je en me chauffant.

— Ah! si j'avais su que vous étiez ici! — Mais je ne pouvais pas le deviner. — En revenant j'ai rencontré le lieutenant G... je lui ai prêté le scarabée qu'il ne me rendra que demain matin. Couchez donc ici! Vous verrez la plus ravissante chose de la création. Il est couleur d'or, gros comme une noix, avec trois tâches noires sur le dos... Quant aux antennes...

— « Il n'y a pas ça d'étain sur lui! » massa Will, interrompit le nègre. Le scarabée est bien en or massif d'un bout à l'autre, sauf les ailes. C'est le plus lourd que j'aie jamais vu.

— Vous avez raison, répliqua Legrand, mais ne laissez pas brûler la poule. Cet insecte a un éclat tellement métallique que votre supposition serait plausible. Du reste, nous en jugerons demain. Je vais tâcher, en attendant, de vous le dessiner.

Il s'assit à une petite table, prit une plume et de l'encre; mais il ne trouva pas de papier.

— N'importe ! fit-il. Cela suffira.

Il tira de sa poche un morceau de vieux vélin fort sale et esquissa dessus un croquis. Son dessin achevé, il me le passa ; mais à ce moment, un grognement se fit entendre, et un énorme terre-neuve appartenant à Legrand se précipita dans la chambre, en m'accablant de caresses. Quand je fus débarrassé de ses gambades, je regardai le papier et restai fort intrigué du dessin de mon ami.

— Je ne vois pas de scarabée du tout, lui dis-je. Il me semble que vous avez dessiné là un crâne ou une tête de mort.

— Un crâne? fit Legrand. Ah ! oui... Je comprends. Il y a un peu de cela — deux des tâches font les yeux, la troisième fait la bouche. D'ailleurs la forme générale est ovale.

— Oui, c'est peut-être cela. Je crains que vous ne soyez pas assez bon artiste. J'attendrai donc d'avoir vu le scarabée pour...

— Je ne suis cependant pas une mazette ; j'ai eu de bons maîtres et me flatte de dessiner assez joliment...

— Vous plaisantez, mon cher. Certainement voici un crâne à peu près passable, mais ce n'est pas du tout un scarabée ! Où sont d'abord les antennes dont vous parliez ?

— Les antennes ? fit Legrand, les antennes !... il me semble que je les ai indiqués de façon suffisante ?

— Très bien, mais je ne les vois pas. Je lui tendis le papier, car il n'y avait pas d'antennes visibles — et l'image ressemblait à s'y méprendre à une tête de mort.

Il reprit son dessin d'un air maussade et allait le jeter au feu, quand il pâlit tout d'un coup. Il examina curieusement le papier, prit une chandelle et alla s'asseoir à l'autre bout de la chambre. Après quelques minutes d'attention, il tira son portefeuille, y enferma soigneusement le papier, puis tomba dans une rêverie profonde. Je partis sans qu'il fit aucun effort pour me retenir.

Un mois après, je reçus à Charleston la visite de Jupiter.

— Eh bien ? lui dis-je, quoi de nouveau, Jup? Comment va ton maître ?

— Pas bien, me répondit-il. massa ne se plaint pas, mais il est tout de même bien malade.

— Bien malade ! est-il au lit ?

— Non, il n'est pas au lit. C'est justement pour ça que Massa Will est bien malade.

— Je ne comprends pas, Jupiter.

— Massa est devenu tout pensif. Il a la tête basse, les épaules voûtées, il est pâle comme une oie — et puis il fait toujours des chiffres.

— Des chiffres !

— Oui, sur une ardoise. Ensuite il décampe toute la journée, je ne le revois plus... Et, quand il rentre, il a l'air si malheureux !

— Ne peux-tu pas t'expliquer le motif de cette conduite ? Lui est-il arrivé quelque chose de fâcheux ?

— Non, massa, rien de fâcheux !

— Alors, comment ?...

— Je suis sûr que massa Will a été mordu à la tête par le scarabée d'or.

— Allons donc, Jupiter !

— Il a assez de pinces pour cela — et une bouche. — Il n'a jamais vu scarabée aussi méchant. Il pince et mord tout ce qui l'approche. C'est en l'attrapant que mon maître a été mordu. Quelle bouche ! massa. — Aussi je n'ai pas voulu le prendre avec mes doigts, je l'ai empoigné dans un morceau de papier qui lui fermait la bouche.

— Et tu crois réellement que ton maître a été mordu ?

— J'en suis sûr. Depuis ce temps-là il ne rêve plus que d'or ; c'est parce qu'il a été mordu par le scarabée d'or.

— Comment sais-tu qu'il rêve d'or ?

— Je l'entends bien la nuit.

— Ma foi, tu as peut-être raison. A quoi dois-je l'honneur de ta visite ?

— J'ai pour vous une lettre de massa Legrand.

Et Jupiter me tendit le message suivant :

« Mon ami,

» Pourquoi ne vous ai-je pas vu depuis si
» longtemps ? J'espère que vous n'avez point été
» fâché de ma subite brusquerie.

» J'ai eu depuis vous un grand sujet d'inquié-
» tude que j'hésite à vous confier.

» Je ne vais pas bien et Jupiter m'ennuie,
» malgré ses bonnes intentions.

» Rien de nouveau dans ma collection. Si vous
» le pouvez, revenez avec Jupiter. Venez, venez,
» je vous en supplie ! C'est de la plus haute im-
» portance.

» Votre bien dévoué,

» William Legrand. »

Cette lettre m'inquiéta. Legrand n'écrivait pas ainsi, habituellement. Devenait-il fou ?

Que signifiait cette confidence d'une aussi

haute importance? Je suivis le nègre sans hésiter.

Je trouvai dans le bateau où nous allions embarquer une faux et trois bêches toutes neuves.

Jupiter me dit qu'il les avait achetées à la ville d'après l'ordre de William, qu'elles avaient coûté un prix fou, qu'il ignorait ce que son maître voulait en faire, mais que ce nouveau caprice était certainement inspiré par le scarabée.

Ce fut tout ce que j'en puis tirer. Une forte brise nous poussa bien vite vers le fort Moultrie, et à trois heures de l'après-midi, nous arrivâmes à la hutte. Legrand nous attendait avec une impatience fiévreuse; ses yeux qui brillaient d'un éclat surnaturel faisaient encore ressortir sa paleur. Je lui demandai si le lieutenant G... lui avait rendu le scarabée.

— Oui, fit-il, et pour rien au monde je ne me séparerai de ce scarabée. — Car, Jupiter; avait raison. — C'est un scarabée en or véritable. Cet insecte est destiné à refaire ma fortune, à me rendre mes biens de famille. Pourquoi donc ne le tiendrais-je pas en si haut prix? Va me le chercher, Jupiter!

— Jamais, fit le nègre avec effroi. Vous saurez bien, massa, le prendre vous-même.

Tout cela fut dit avec un sérieux profond qui me fit mal.

Legrand se leva avec gravité pour aller chercher l'insecte sous un globe de verre. C'était un superbe scarabée, d'une espèce inconnue, et qui devait avoir un grand prix pour les naturalistes. Il avait d'un côté du dos, deux taches rondes et noires, et de l'autre, une tache de forme allongée. Les élytres avaient bien l'aspect de l'or bruni, et somme toute, son excessive lourdeur rendait presque vraisemblable l'opinion de Jupiter; mais il me semblait fantastique que Legrand partageât cette opinion.

— Si je vous ai fait venir, me dit-il, d'un ton superbe, c'est pour vous demander conseil et assistance dans l'accomplissement des vues de la Destinée et du scarabée...

— Mon cher, m'écriai-je, vous êtes certainement souffrant... et vous feriez mieux de vous mettre au lit que de...

— Tâtez mon pouls, répondit-il.

Je lui tâtai le pouls. Il n'avait aucun symptôme de fièvre ; mais on peut être malade sans cela. Je proposai d'appeler un médecin, il refusa. Ce qu'il me demandait en grâce, pour calmer son excitation, c'était de l'accompagner avec Jupiter dans une expédition mystérieuse sur les collines. Il ne pouvait pour cela se fier qu'à moi. L'expédition durerait toute la nuit, et nous serions de retour au lever du soleil.

Si étrange que me parut ce caprice, je lui promis de l'accompagner, à condition qu'au retour, il oublierait le scarabée, et suivrait mes prescriptions comme celles d'un médecin.

Nous nous mîmes en route à quatre heures, Legrand, Jupiter, le chien et moi. Jupiter portait la faux et les bêches. Il partait aussi à contre-cœur que moi et je ne lui entendis proférer que ces paroles : « Damné scarabée ! » Legrand s'était chargé du scarabée qu'il faisait tournoyer au bout d'une ficelle, avec des airs cabalistiques.

Pauvre ami ! c'est en pleurant que je constatais son allure de démence. Il ne voulait pas du reste m'expliquer le but de l'expédition et répondit négativement à toutes mes questions.

Nous traversâmes la crique, à la pointe de l'île, et gagnâmes un pays sauvage, désolé, où n'apparaissait nul vestige humain. En tête Legrand marchait, sans la moindre indécision. Après deux heures de route, vers le coucher du soleil, nous atteignîmes une région plus sinistre encore. C'était un plateau couvert de bois, semé de blocs de pierre, empreint d'une solennité lugubre.

Sans la faux, il nous eût été impossible de nous frayer un passage. Jupiter, d'après les ordres de son maître, nous fraya le chemin jusqu'à un tulipier gigantesque dominant la plate-forme. Legrand lui demanda s'il se croyait capable d'y grimper. Après bien des hésitations, le pauvre nègre, qui avait fait le tour de l'énorme tronc, répondit :

— Oui, massa, il n'y a pas d'arbre où ne puisse grimper Jup.

— Alors, monte et rondement! commanda Legrand.

— Jusqu'où faut-il monter, massa?

— Grimpe sur le tronc, d'abord. Je te dirai ensuite quel chemin tu dois suivre. Prends le scarabée avec toi!

— Le scarabée d'or! hurla le nègre épouvanté — que je sois damné si je le prends!

— Comment, Jup! vous avez peur de toucher à un petit insecte mort! Emportez-le avec cette ficelle, si vous voulez; mais si vous ne l'emportez pas, d'une façon ou d'une autre, je me verrai forcé de vous casser la tête avec cette bêche.

Forcé dans ses derniers retranchements, Jupiter prit l'insecte au bout de la corde, et se mit à monter sur l'arbre avec des précautions infinies.

Dans sa jeunesse, le tulipier a un tronc fort lisse; mais quand arrive sa maturité, l'écorce devient soyeuse. L'escalade était donc difficile. Le nègre embrassa de son mieux l'énorme cylindre et se hissa péniblement jusqu'à la première grande fourche, à soixante ou soixante-dix pieds du sol.

— Où faut-il aller maintenant, massa? demanda-t-il.

— Sur la grosse branche de côté, dit Legrand.

Le nègre obéit. Il monta, monta toujours, et finit par disparaître dans l'épaisseur du feuillage.

— A quelle hauteur es-tu? lui cria Legrand.

— Si haut que je vois le ciel à travers la cime de l'arbre, répondit Jupiter.

— Alors, regarde le tronc et compte les branches au-dessous de toi. Combien en vois-tu?

— Cinq grosses branches, massa.

— Monte encore d'une branche.

Jupiter nous cria qu'il avait atteint la septième branche.

— Maintenant, Jup, cria Legrand, avance-toi, sur cette branche, aussi loin que possible. Si tu vois quelque chose d'étrange, tu nous préviendras.

Décidément, mon pauvre ami était fou; son agitation ne laissait plus de doute à cet égard.

Je me demandais comment le ramener au logis, quand la voix de Jupiter se fit entendre de nouveau.

— J'ai peur de m'avancer plus loin ; la branche est morte presque dans toute sa longueur.

— Une branche morte! dis-tu vrai, Jupiter ? répondit Legrand d'une voix tremblante d'émotion.

— Oui, massa. Elle est morte comme un vieux clou.

— Que faire, au nom du ciel ? exclama Legrand qui semblait désespéré.

Je saisis la balle au bond.

— Que faire ? lui dis-je. Rentrer au logis, et aller nous coucher! Soyez gentil! voyons! venez!

— Jupiter, cria-t-il, sans m'écouter, entame le bois avec ton couteau et dis-moi si tu le trouves bien pourri.

— Pas tout a fait pourri, massa, et je pourrais me risquer un peu plus sur la branche, si j'étais seul...

— Si tu étais seul... que veux-tu dire?

— Je veux parler du scarabée — il pèse énormément. Sans cela la branche me porterait.

— Coquin, je te tords le cou si tu laisses tomber l'insecte. Quelles sornettes me racontes-tu? Hasarde-toi sur la branche, le plus loin que tu pourras, sans lâcher le scarabée, et je te ferai cadeau d'un dollar.

Séduit par l'offre du dollar, Jupiter exécuta l'ordre de son maître, mais il s'écria soudain qu'il avait trouvé sur l'arbre un crâne, que quelqu'un y avait laissé sa tête sans doute et que les corbeaux avaient becqueté toute la viande. « Oh! il tient bien à l'arbre, massa! il y a un gros clou qui l'y retient!

— Bien! repartit Legrand, enchanté. Maintenant, fais bien attention à ce que je vais te dire: trouve l'œil gauche du crâne!

— Oh! oh! voilà qui est drôle! il n'y a pas d'œil gauche du tout.

— Stupide maudit! sais-tu distinguer ta main droite de ta gauche.

— Sans doute — ma main gauche est celle avec laquelle je fends le bois.

— Oui, tu est gaucher; et ton œil gauche est

du même côté que ta main gauche. Tu peux donc maintenant trouver l'œil gauche du crâne, ou du moins la place où était l'œil gauche. Trouves-tu?

Après une longue pause le nègre demanda :

— L'œil gauche du crâne est aussi du même côté que la main gauche du crâne? Mais le crâne n'a pas de mains. C'est égal, j'ai trouvé l'œil gauche! Que dois-je faire maintenant?

— Fais passer le scarabée à travers, aussi loin qu'ira la ficelle. Seulement prends garde de lâcher le bout de la ficelle...

— C'est fait, massa Will! Ce n'était pas difficile à faire; mais le scarabée qu'il laissait filer, brillait au bout de sa ficelle comme une boule d'or bruni. Il allait tomber à nos pieds quand Legrand prit la faux, traça dans l'herbe un cercle de trois ou quatre yards de diamètre, au-dessous de l'insecte, et ordonna à Jupiter de lâcher la corde et de descendre de l'arbre. Puis, avec un soin scrupuleux, il enfonça une cheville à l'endroit précis de sa chute, et mesura avec un ruban, la distance de cinquante pieds entre l'arbre et la cheville. Là, il enfonça une seconde cheville et traça un second cercle de quatre pieds de diamètre environ. Puis, prenant une bêche et nous donnant les deux autres, il nous fit creuser une fosse.

Vu l'heure avancée de la nuit, j'étais grandement fatigué; je me serais refusé à ce travail, si je n'avais craint de troubler la douce sérénité de mon ami. Il ne fallait plus compter le ramener chez lui; le vieux nègre était trop son esclave pour m'aider dans un corps à corps. Certainement il était fou avec son scarabée d'or, et Jupiter l'avait encouragé dans sa folie. Quoi de plus respectable du reste que cette illusion d'un retour à la fortune avec l'insecte d'or? Je me mis à bêcher, le plus ardemment possible, pour le convaincre plus vite de l'inanité de ses rêves.

Nous allumâmes une lanterne et nous nous mîmes tous trois au travail, avec un zèle digne d'une meilleure cause. Nous creusâmes deux heures environ, au milieu des aboiements du chien qu'il fallut enfin museler pour qu'il n'attirât pas l'attention sur un travail, qui pouvait à bon endroit passer pour suspect. Au bout de ces deux heures, aucun indice de trésor ne se révélait. Nous fîmes une pause, puis nous creusâmes encore de deux pieds. Découragé Legrand saute enfin hors du trou ; sur un signe de lui Jupiter rassemble les outils, on démusèle le chien, et nous reprenons en silence le chemin du logis.

Soudain, après une douzaine de pas, mon ami pousse un horrible juron et saute à la gorge du nègre :

— Scélérat ! gredin ! noir infernal ! criait-il, c'est toi qui nous a trompés ! Réponds moi : quel est ton œil gauche ?

— Ah ! massa Will, rugit Jupiter épouvanté en plaçant sa main sur son œil droit, je vous le demande en toute vérité, n'est-ce pas là mon œil gauche ?

— Je m'en doutais ! j'en étais sûr ! hourra ! cria Legrand, exécutant une série de gambades. La partie n'est pas perdue ! retournons au tulipier.

Nous retournâmes au tulipier. Arrivé là, Legrand touche alternativement les deux yeux de Jupiter.

— Jupiter, lui dit-il, est-ce par cet œil-ci, ou

par celui-là, que tu as fait couler le scarabée?

— Par cet œil-ci, massa, par l'œil gauche.

Et c'était encore l'œil droit qu'indiquait le pauvre nègre.

Alors mon ami, dans la folie duquel je commençais à voir une certaine méthode, reprit son cordeau, sa cheville, et traça un nouveau point éloigné de plusieurs yards de l'endroit où nous avions creusé. Il retraça son cercle et nous nous remîmes à jouer de la bêche. J'étais horriblement fatigué ; mais il y avait dans la conduite bizarre de Legrand une crânerie prophétique dont j'étais impressionné malgré moi. Je bêchais courageusement, cherchant de temps en temps des yeux, comme si je l'attendais vraiment, le trésor imaginaire qui avait affolé mon pauvre camarade. Après une heure et demie de travail environ, nous fûmes interrompus encore par les hurlements du chien qu'il fût impossible de maîtriser, cette fois. Repoussant Jupiter qui s'efforçait de le museler, il se mit à gratter furieusement la terre avec ses griffes, et découvrit en quelques secondes un tas d'ossements humains formant deux squelettes complets, plusieurs boutons de métal, et des guenilles informes qui nous parurent de la vieille laine pourrie. A cette vue, Jupiter ne put contenir sa joie, tandis que le visage de son maître exprimait, au contraire, la plus complète déception. Il nous pria de continuer encore nos efforts et je trébuchai sous un dernier coup de bêche, la pointe de ma botte s'étant engagé dans un gros anneau en fer, à moitié enfoui dans la terre. Nous déterrâmes alors un coffret de bois, de forme oblongue, et qui, vu sa conservation parfaite, avait été certainement soumis à un procédé de minéralisation — au bi-chlorure de mercure peut-être. Il avait trois pieds et demi de long, sur trois de large, et deux et demi de profondeur. Des lames de fer forgé l'entouraient en formant treillage ; six anneaux de fer permettaient de l'enlever à bras. Mais tous nos efforts ne purent l'arracher du sol, tant il était lourd, et nous prîmes le parti de faire glisser le couvercle qui n'était retenu que par deux verrous. Soudain, un trésor d'une incalculable valeur étincela devant nous, dans la fosse, et nous restâmes éblouis devant un amas d'or et de bijoux.

Ma stupéfaction dominait toutes les autres. Epuisé par son excitation, Legrand ne prononça que quelques mots ; quant à Jupiter, il était aussi pâle que peut l'être un nègre. Stupéfié, foudroyé, il plongea dans l'or ses bras jusqu'au coude, comme dans un bain voluptueux, puis il s'écria :

— Et tout cela vient du scarabée d'or ! le joli scarabée, le pauvre petit scarabée d'or que j'injuriais ! Ah ! j'ai honte de moi. Fi ! le vilain nègre !

L'heure s'avançait et nous devions nous hâter pour que tout fût en sûreté chez nous avant le jour. Après de nombreuses délibérations, nous allégeâmes le coffret en enlevant les deux tiers de son contenu et nous pûmes enfin l'arracher du sol. Nous confiâmes à la garde du chien les objets que nous laissions au milieu des ronces, et nous regagnâmes la hutte avec le coffre, sans autre accident. Après deux heures de repos et une collation qui réparèrent nos forces, nous reprîmes le chemin de la montagne, munis de trois gros sacs. Nous y enfouîmes notre butin ; et sans même nous donner la peine de combler le trou, nous retournâmes, pour la seconde fois, à la case de Legrand. L'aube apparaissait déjà à la cime des arbres. Notre profonde excitation nous empêcha de dormir et nous nous levâmes bientôt pour procéder à l'examen de notre trésor.

Le coffre avait été rempli jusqu'au bord, et nous passâmes une partie de la journée à inventorier son contenu. Tout y avait été entassé pêle-mêle. Après avoir fait soigneusement un premier classement, nous nous trouvâmes en présence d'une fortune qui dépassait tout ce que nous avions rêvé ! Il y avait là, en estimant rigoureusement les pièces d'après les tables de l'époque, plus de 450,000 dollars. Toutes les pièces étaient en or de vieille date ; nous reconnûmes des monnaies françaises, espagnoles et allemandes, et quelques guinées anglaises. Puis, des jetons d'un modèle inconnu, quelques pièces lourdes et usées, à l'effigie indéchiffrable ; pas de monnaie américaine. L'estimation des bijoux fut chose plus difficile. Nous trouvâmes cent dix diamants, dont quelques-uns très beaux et d'une grosseur singulière, dix-huit rubis d'un remarquable éclat, trois cent dix émeraudes fort belles, vingt et un saphirs et une opale. Les montures avaient été arrachées et semblaient broyées à coups de marteau, comme pour rendre toute reconnaissance impossible. Enfin, il y avait encore dans le coffre près de deux cents bagues et boucles d'oreilles, trente chaînes de montre, quatre-vingt-trois crucifix très lourds, cinq encensoirs d'un grand prix, un gigantesque bol à punch, avec des figures de bacchantes artistement ciselées, deux poignées d'épée, d'un travail admirable, et d'autres menus objets dont j'ai perdu le souvenir. Le tout était en or massif et d'un poids de trois cent cinquante livres, au moins. J'oublie cent quatre-vingt-dix-sept montres d'or superbes, dont trois valaient bien chacune cinq cents dollars. Beaucoup étaient vieilles et n'avaient plus de valeur comme pièces d'horlogerie, mais toutes étaient ornées de pierreries magnifiques.

Bref, nous évaluâmes le contenu du coffre à

un million et demi de dollars et nous reconnûmes plus tard, après la vente des bijoux, la modestie de notre première estimation.

Notre inventaire terminé, Legrand qui me voyait mourir d'impatience devant le secret de cette prodigieuse énigme, me l'expliqua avec les plus minutieux détails.

— Vous vous souvenez, dit-il, du soir où je vous montrai l'esquisse grossière que j'avais faite du scarabée, je fus alors passablement choqué de votre insistance à me soutenir que mon croquis ressemblait à une tête de mort. Tout d'abord je crus que vous plaisantiez ; je me rappelai ensuite les tâches particulières sur le dos de l'insecte et fus bien obligé de reconnaître que votre observation avait quelque fondement. Mais votre ironie m'avait froissé dans mon ambition d'artiste, et j'allais jeter au feu le morceau de parchemin que vous me rendiez, quand...

— Vous voulez, dis-je, parler du morceau de papier ?

— Non ; cela avait l'apparence de papier, mais quand je voulus dessiner dessus, je m'aperçus que c'était un morceau de parchemin très mince, fort sale du reste. Au moment où j'allais le chiffonner, je regardais le dessin que vous aviez critiqué et fus très étonné d'apercevoir vraiment une tête de mort, là où j'avais cru dessiner un scarabée. Les détails de mon dessin offraient-ils une certaine analogie avec le contour général d'un crâne ?... Je pris une bougie et procédai à une analyse plus attentive du parchemin. En le retournant, je vis mon esquisse sur le revers, comme je l'avais tracée. Il y avait, par une coïncidence singulière, un crâne qui s'adaptait exactement à mon dessin, non seulement par le contour, mais encore par la dimension. Je fus stupéfait et cherchai un rapport, une liaison de cause à effet. Mais bientôt une conviction profonde s'empara de mon esprit, c'est qu'il n'y avait aucun dessin sur le parchemin quand j'y fis le croquis de mon scarabée ; je l'avais tourné et retourné pour chercher l'endroit le plus propre et, si le crâne avait été visible, je l'aurais certainement remarqué. Donc il y avait là un mystère. Je me levai décidé à l'approfondir, je serrai soigneusement le parchemin et tendis tous les ressorts de ma pensée sur cette énigme que je voulais rendre logique,

» Quand vous fûtes parti, et quand Jupiter fut bien endormi, je me mis à chercher de quelle manière ce parchemin était tombé dans mes mains. Nous avions découvert le scarabée sur la côte du continent, à un mille à l'est de l'île, tout près du niveau de la marée haute. Il m'avait mordu d'abord et je l'avais lâché. Jupiter, avec sa prudence habituelle, chercha autour de lui une feuille ou quelque chose d'analogue pour ressaisir l'insecte envolé. Ses yeux tombèrent sur ce morceau de parchemin, à demi enfoui dans le sable. Près de l'endroit où nous le trouvâmes je remarquai la coque d'un grand navire, débris de naufrage, si délabré, qu'on l'aurait cru échoué depuis mille ans,

Jupiter ramassa le parchemin, enveloppa l'insecte et me le donna. Puis nous reprîmes le chemin de la hutte, nous rencontrâmes le lieutenant G... qui me pria de lui permettre d'emporter le scarabée jusqu'au lendemain, pour l'étudier plus à l'aise. Mais je gardai le parchemin dans ma poche.

Vous vous souvenez aussi que, voulant faire un croquis du scarabée, je ne trouvai pas de papier. Je cherchais dans mes poches, espérant trouver une vieille lettre, quand mes doigts tombèrent sur le parchemin. Tous ces détails minutieux que je vous conte, vous expliquent l'espèce de connexion que j'avais établie entre un bateau échoué à la côte et un parchemin portant l'image d'un crâne. Où est le rapport? me direz-vous. Je répondrai que le crâne est l'emblème bien connu des pirates. Dans tous leurs engagements, ils ont toujours hissé le pavillon à tête de mort.

Remarquez bien que nous parlons de parchemin et non pas de papier.

Le parchemin est presque impérissable, auss lui confie-t-on des documents d'importance réelle. Il est difficile d'écrire ou de dessiner dessus. Alors, pourquoi cette tête de mort, si elle n'avait pas un sens caché? L'un des coins **avait** été détruit, mais la forme primitive était oblongue : j'avais entre les mains une de ces bandes dont on se sert pour consigner un fait de grande valeur, marquer une note qu'on tient à conserver...

— Comment pouvez-vous, interrompis-je, établir un rapport entre le bateau et le crâne, puisque selon vous, le crâne n'était pas sur le parchemin alors que vous dessiniez le scarabée ?

— C'est là qu'est tout le mystère. Quand je dessinai mon scarabée, il n'y avait pas trace de crâne sur le parchemin ; mon dessin fini, je vous le fis passer et ne vous perdis pas de vue que vous ne me l'eussiez rendu. Ce n'était donc pas vous qui aviez dessiné le crâne, et il n'y avait là personne capable de le faire.

« Je me rappelai alors tous les incidents survenus depuis votre visite. Il faisait froid. Oh! l'heureux accident! — et un bon feu flambait dans l'âtre. Vous aviez fourré votre chaise tout près de la cheminée. Quand je vous fis passer le parchemin, Wolf, mon terre-neuve vous sautait sur l'épaule. Vous le caressiez de la main gauche, en laissant retomber la droite, celle qui tenait le parchemin, entre vos genoux, près du feu. J'allais vous dire de prendre garde à la flamme qui pouvait l'atteindre, mais vous vous étiez déjà retiré pour vous mettre à l'examiner. La chaleur était évidemment l'agent qui avait fait apparaître sur le parchemin le crâne dont je voyais l'image. **Il y a** eu de tout temps, vous le savez, des préparations chimiques permettant d'écrire sur le papier ou sur le velin des caractères que l'action du feu seule rend visibles. Le soufre délayé dans l'eau s'emploie habituellement ; il en résulte une teinte verte. Le régule de cobalt, dissous dans l'esprit de nitre, donne une teinte rouge. Ces couleurs s'effacent lorsque la substance sur laquelle on a écrit s'est refroidie, mais elles reparaissent à volonté par une application nouvelle de la chaleur.

« J'examinai alors la tête de mort très attentivement.

« Les contours extérieurs, au bord du velin, étaient beaucoup plus distincts que les autres.

« Certainement, l'action du calorique avait été inégale. J'allumai du feu et soumis chaque partie du parchemin à une chaleur brûlante. Je vis apparaître alors, dans un coin de la bande, au coin diagonalement opposé à celui où était tracé la tête de mort, une figure qu'on pouvait prendre d'abord pour une tête de chèvre, mais qui, après mûr examen, n'était que la tête d'un chevreau.

— Je n'ai certes pas le droit de me moquer de vous, dis-je à Legrand. On ne plaisante pas sur un million et demi de dollars ; avouez cependant qu'il n'y a aucun rapport entre les pirates et les chèvres.

— Je viens de vous dire que l'image n'était pas celle d'une chèvre.

— Très bien, mais un chevreau est presque la même chose qu'une...

— Presque, mais pas tout à fait. Vous avez peut-être entendu parler d'un certain capitaine Kidd. *Kid* signifie chevreau et je pensai de suite que la figure de cet animal n'était qu'une sorte de signature parlante. La tête de mort, placée au coin, formait le sceau ou estampille. Bref, c'était une lettre dont le texte seul m'échappait. J'eus soudain, je ne sais pourquoi, le pressentiment d'une immense bonne fortune, l'histoire absurde de Jupiter sur le scarabée d'or massif y avait contribué. Et puis, tout n'était-il pas extraordinaire dans cette série successive d'événements ? Il a fallu le seul jour, assez froid dans l'année, pour nécessiter du feu ; sans ce feu et sans l'intervention du chien au moment précis, je n'aurais jamais eu connaissance de la tête de mort et n'aurais jamais possédé ce trésor !

— Allez ! allez ! je brûle, mon cher Legrand.

— Peut-être avez-vous entendu parler de Kidd et de ses pirates ? La légende nous les montre comme des enfouisseurs de trésors. La légende avait-elle raison ? Elle était si populaire ! Kidd avait dû cacher son butin quelque part, sans pouvoir le retrouver, puisqu'il avait perdu la note indiquant l'endroit précis. Ses camarades, qui très probablement l'avaient aidé dans ses recherches infructueuses, étaient la cause de cette rumeur universelle, de ce conte bleu d'un trésor enfoui sur la côte et introuvable.

« Pour moi, il était notoire que Kidd avait accumulé d'immenses richesses. Sans doute la terre les gardait encore, et ce parchemin, ce parchemin si singulièrement trouvé, devait me donner l'indication du lieu du dépôt. J'en étais presque sûr. J'exposai donc de nouveau le velin au feu, mais rien ne parut. Comme il était couvert de crasse, j'attribuai mon insuccès à cette circonstance, je le nettoyai donc soigneusement et le plaçai dans une casserole sur des charbons ardents. Après quelques minutes, et la casserole parfaitement chauffée, je retirai ma bande de velin et m'aperçus qu'elle était couverte en plusieurs endroits de signes qui ressemblaient à des chiffres alignés. Ces chiffres, les voici, vous pouvez les examiner.

Et Legrand me tendit le velin après l'avoir de nouveau chauffé. J'y vis les caractères suivants grossièrement tracés en rouge entre la tête de mort et le chevreau :

$$53\genfrac{}{}{0pt}{}{++}{++}+305)\ 6\ :\ 4826)\ 4\genfrac{}{}{0pt}{}{+}{+})\ :\ 806\ ^\times\ :\ 48+8$$
$$(60))\ 85\ ;\ 1\genfrac{}{}{0pt}{}{+}{+}(\ ;\ ;\ \genfrac{}{}{0pt}{}{+}{+}8+83\ (88)\ 5''+46\ (88\ \times$$
$$96+\ ?\ ;\ 8\ )\ \genfrac{}{}{0pt}{}{+}{+}(485)\ 5^++2^{\times}\genfrac{}{}{0pt}{}{+}{+}(4656\ ^\times\ (5\ \times-4)$$

8_¦8× ; 4069285) ; 6 ┼ 8) 4 ⁺⁺₊₊ ; 1(⁺₊9 ; 48081 ;
88 : ⁺₊1 ; 48 ┼ 85 : 4) 485 ┼ 528806″ 81(⁺₊9 ;
48 (88 : 4 (⁺₊ ? 34 ; 48) 4 ⁺₊ : 161 : 188 : ⁺₊ ? —?

— Je n'y vois guère clair, lui dis-je en lui rendant sa bande de vélin. Si tous les trésors de Golconde devaient être pour moi le prix de la solution de cette énigme, je serais certainement sûr de ne pas les gagner.

— Cependant, fit Legrand, la solution n'est pas aussi difficile que vous l'imaginez. Ces caractères présentent un sens et forment un chiffre. D'après ce que nous savons de Kidd, il n'est pas permis de le supposer un crytographe bien profond ; tout au plus avait-il voulu dérouter l'intelligence grossière des marins.

« J'avais résolu d'autres échantillons de cryptographie dix mille fois plus compliqués.

« Les circonstances et une certaine tendance d'esprit m'ont intéressé à ces sortes d'énigmes — si compliquées qu'elles soient. Je crois que l'ingéniosité humaine en vient toujours à bout. Les caractères, une fois lisibles, je fus sûr d'en dégager la signification.

« Dans toutes les écritures secrètes, la première question à vider est la langue du chiffre ; car les principes de solution, même pour les chiffres les plus simples, dépendent du génie de chaque idiome et peuvent en être modifiés. Le meilleur moyen est donc d'essayer successivement toutes les langues qui vous sont connues, jusqu'à ce que vous ayez trouvé la bonne. Mais dans le chiffre qui m'occupait, la signature seule résolvait toute difficulté.

« Le rébus sur le mot *Kidd* n'est admissible que dans la langue anglaise. Autrement, j'aurais commencé mes essais par l'espagnol et le français, langues dans lesquelles un pirate des mers espagnoles avait plus naturellement dû mettre sa confiance et son secret.

« Vous observerez qu'il n'y a pas d'espace entre les mots. Avec des espaces, la tâche eut été plus facile. J'aurais commencé, dans ce cas, par faire une collation et une analyse des mots les plus courts, et, si j'avais trouvé, comme cela est toujours possible, un mot d'une seule lettre, A ou I (un, JE), par exemple j'aurais regardé la solution comme certaine. Mais, puisqu'il n'y avait pas d'espace, je devais relever les lettres prédominantes ainsi que celles qui se rencontraient le plus rarement. Je les comptai toutes et établis le tableau suivant :

« Le caractère 8 se trouve 33 fois.

»	;	«	25	»
»	4	»	19	»
»	‡ »)	«	16	»
»	*	«	13	»
»	5	«	12	»
»	6	«	11	»
»	× et 1	«	8	»
»	0	«	6	»
»	9 et 2	«	5	»
»	: et 3	«	4	»
«	: * ?	«	3	»
»	¶	«	2	»
»	— d	«	7	»

« Or, la lettre qui se rencontre le plus fréquemment en anglais est *e*. Les autres lettres se succèdent dans l'ordre suivant :

« A o i d h n r s t u y c f g l m n b k p q x z. E prédomine tellement qu'il est impossible de trouver une phrase d'une certaine longueur dont il ne soit pas le caractère principal.

« Nous avons donc, tout au début, une base d'opérations, qui donne même plus qu'une conjecture. On peut se servir de cette table d'une façon générale, mais nous ne nous servirons que fort peu de ce chiffre particulier. Notre caractère dominant étant le 8, nous le prendrons pour l'E de l'alphabet naturel. Voyons, pour vérifier cette supposition, si le 8 se rencontre souvent double. Car l'E se redouble très fréquemment en anglais, comme dans les mots *meet*, *fleet*, *speed*, *seen*, *been*, *agree*, etc. Or, nous voyons dans le cas présent, qu'il est redoublé — bien que le cryptogramme soit très court.

« Nous admettons donc que *8* représentera *e*. De tous les mots de la langue *the* est le plus usité ; il nous reste à voir si nous ne trouverons pas plusieurs fois répétée la même combinaison de trois caractères, ce 8 étant le dernier des trois. Si nous trouvons ces répétitions, elles représenteront fort probablement le mot *the*. Nous en trouvons 7 ; vérification faite, les caractères sont *i 48*. Il nous est donc permis de supposer que *i* représente *t*, que *4* représente *h,* et que *8* représente *e,* — c'est un jalon de planté.

« Ce seul mot que nous avons déterminé nous permet d'établir un point plus important : les commencements et les terminaisons des autres mots. Examinons par exemple l'avant-dernier cas où se présente la combinaison 48 — presque à la fin du chiffre. Nous savons que le, qui vient de suite après, est le commencement d'un mot. Sur les six caractères qui suivent ce *the*, nous en connaissons *cinq*. Remplaçons ces caractères par les lettres qu'ils représentent, en laissant un espace pour l'inconnu :

t eeth

« Écartons d'abord le *th*, comme ne pouvant faire partie du mot qui commence par le premier *t*, puisqu'il est impossible, en essayant successivement toutes les lettres de l'alphabet, de former un mot dont ce *th* puisse faire partie. Cela réduit nos caractères à :

t ee

et nous arrivons au mot *tree* (arbre), en gagnant une nouvelle lettre représentée par (*1* plus deux mots juxtaposés : *the tree* l'arbre.)

« Plus loin, nous retrouvons la formule : *48* qui termine la précédente, en nous donnant la combinaison suivante :

the tree ; $4\genfrac{}{}{0pt}{}{+}{+}$ *? 34 the.*

c'est-à-dire en substituant les lettres aux chiffres :

the tree thr $\genfrac{}{}{0pt}{}{+}{+}$ *? 3 h the.*

« En substituant des blancs ou des points aux caractères inconnus, nous obtiendrons.

the, tree thr... h the,

et le mot *through* qui signifie par, à travers, se devine naturellement. Cela donne trois lettres de plus, *o, u, g*, représentées par $\genfrac{}{}{0pt}{}{+}{+}$ *?* et *3*.

« En cherchant soigneusement dans le cryptogramme des caractères connus, nous trouverons l'arrangement suivant :

83 (88, ou egree)

c'est la terminaison du mot *degree* (degré), ce qui nous donne encore une lettre *d* représentée par +.

« Quatre lettres après le mot *degree*, nous trouvons :

i 46 (i 88,)

et nous traduisons, en représentant l'inconnu par un point

th. rtee

d'où nous obtenons le mot *Thirteen* (treize), avec deux nouvelles lettres *i* et *n*, représentées par *6 et* +.

« En nous reportant au commencement du cryptogramme, nous découvrirons maintenant :

$$53 \begin{smallmatrix} + & + \\ + & + \end{smallmatrix} +$$

ce qui veut dire

good,

la première lettre est un *a*, et les deux premiers mots sont *a good* (un bon, une bonne.)

« Pour éviter la confusion, résumons maintenant nos découvertes sous forme de table, ce qui vous donnera un commencement de clef :

5	représente	*a*
+	—	*d*
8	—	*e*
3	—	*g*
4	—	*h*
6	—	*i*
★	—	*u*
××	—	*o*
«	—	*r*
i	—	*t*

« Nous possédons ainsi les dix lettres les plus importantes : je vous épargnerai tous les autres détails de la solution. Vous devez être convaincu maintenant que ces chiffres sont faciles à résoudre et qu'il est possible de les débrouiller avec méthode. Le spécimen que nous avons sous les yeux appartient à la partie la plus simple de la cryptographie. Je vais donc vous donner de suite la traduction complète du document. La voici :

« *A good glassa in the bishop's hostel in the devil's seat, forty-one degrees and thirteen minutes northeast and by north, main branch seventh limb cost side shoot from the left eye of the dead's head a bee line from the tree through the shot fifty feet out.* (Un bon verre dans l'hostel de l'évêque dans la chaise du diable, quarante et un degrés et treize minutes, nord-est quart de nord, principale tige septième branche côté est lâchez de l'œil gauche de la tête de mort une ligne d'abeille de l'arbre à travers la balle cinquante pieds au large).

— L'énigme me paraît aussi indéchiffrable qu'avant, objectai-je. Comment tirer un sens quelconque de cet affreux jargon — *chaise du diable, tête de mort, hostel de l'évêque*.

— Je comprends votre embarras, répliqua Legrand, cependant mon idée première fut de retrouver dans cette phrase les divisions naturelles qui étaient dans l'esprit de celui qui l'écrivit, c'est-à-dire de la ponctuer.

— Comment diable avez-vous fait ?

— Je supposai bien que cet assemblage de mots sans division aucune n'avait été voulu que pour rendre la solution plus difficile.

« Un maladroit sera toujours, dans une semblable tentative, enclin à dépasser la mesure. Il serrera fatalement les caractères plus que d'habitude là où le sens de ses phrases demanderait une virgule ou un point. En examinant ce manuscrit, vous découvrirez facilement cinq encombrements de caractères de ce genre. J'établis donc, d'après ces indices la division suivante :

A good glass in the bishop's hostel in the devil's seat, forty-one degrees and thirteen minutes north est and by north — main branch seventh limb coast side — shoot from the left eye of the dead's-head- a bee-line from the tree through the shot fifty feet out. (Un bon verre dans l'hostel de l'évêque, dans la chaise du diable — quarante et un degrés et treize minutes Nord-

Est et quart de nord — principale tige septième branche côté Est — lâchez de l'œil gauche de la tête de mort — une ligne d'abeille de l'arbre à travers la balle cinquante pieds au large.

— Je reste toujours dans les ténèbres, lui dis-je, malgré votre division.

— Je n'y vis pas plus clair que vous durant quelques jours, répliqua Legrand. Je m'informai d'abord, dans le voisinage de l'île de Sullivan, d'un bâtiment qui devait s'appeler l'*Hôtel de l'évêque*. Je ne reçus aucun renseignement à ce sujet et j'allais étendre mes recherches plus loin, quand il me vint à l'esprit que ce *Bishop's hostel* pouvait peut-être s'appliquer à une ancienne famille du nom de Bessop, qui possédait depuis des siècles un vieux manoir à quatre mille nord-est de l'île. J'interrogeai les nègres les plus âgés du pays ; enfin, une bonne femme me dit qu'elle avait entendu parler de Bessop's Castle (*château de Bessop*) et qu'elle pouvait m'y conduire. Seulement ce n'était ni un château ni une auberge, mais tout simplement un rocher.

« Elle consentit à m'accompagner, moyennant

un bon salaire, et nous découvrîmes le rocher, sans trop de peine. Figurez-vous que le château était un assemblage bizarre de pics et de rocs dont l'un attira vite mon attention par sa hauteur et son isolement. Je découvris, dans sa face orientale, une étroite saillie qui mesurait tout au plus un pied de large ; une niche creusée audessus, dans le roc, lui donnait l'apparence de ces chaises à dos concaves qu'employaient nos ancêtres. C'était évidemment la *chaise du Diable* dont le parchemin faisait mention. Je tenais désormais le secret de l'énigme.

«Je savais que le bon verre, en terme de marin, signifiait une longue-vue. Il fallait donc ici se servir d'une longue-vue, sans admettre aucune variation. Les indications quarante et un degrés et treize minutes Nord-Est quart de Nord, devaient aider à pointer la longue-vue.

« Je retournai donc chez moi chercher une longue-vue, j'établis ma direction au moyen d'une boussole de poche, je pointai mon instrument à un angle de quarante et un degrés d'élévation, et je le promenai, de haut en bas et de bas en haut, jusqu'à la découverte d'une sorte de trou circulaire ou de lucarne, dans le feuillage d'un grand arbre qui dominait tous ses voisins.

« J'aperçus un point blanc au centre de ce trou et je vis, après un examen attentif, que c'était un crâne humain.

Dès lors, la phrase : *principale tige, septième branche, côté Est* — devait être relative à la position du crâne sur l'arbre — et celle-ci : *lâchez de l'œil gauche de la tête de mort* signifiait : puisqu'il s'agissait de la recherche d'un trésor caché, qu'il fallait laisser tomber une balle de l'œil gauche du crâne et qu'une ligne d'abeille, c'est-à-dire une ligne droite, partant du point le plus rapproché du tronc, et s'étendant à travers la balle, indiquerait l'endroit exact du précieux dépôt.

— Tout cela, dis-je, est surprenant de clarté et d'ingéniosité. Mais, que fîtes-vous, après avoir quitté l'Hôtel de l'Évêque ?

— Je retournai chez moi, après avoir soigneusement noté mon arbre. A peine eus-je quitté la

Chaise du Diable, qu'il me fut impossible d'apercevoir le trou circulaire de quelque côté que je me tournasse. C'était là le chef-d'œuvre d'ingéniosité du pirate d'avoir trouvé cette ouverture qui n'était visible que d'un seul point, c'est-à-dire de l'étroite corniche sur le flanc du rocher.

« Jupiter m'avait suivi dans mon expédition à l'Hôtel de l'Évêque, il affectait de ne pas vouloir me laisser seul, ému de mes préoccupations. Cependant je lui échappai le lendemain, et courus bien vite retrouver mon arbre, ce qui ne fut pas facile.

« Je revins à la nuit, et vous connaissez aussi bien que moi la fin de l'aventure.

— Lors de nos premières fouilles, lui dis-je, vous avez dû manquer l'endroit grâce à la bêtise de Jupiter qui laissa tomber le scarabée par l'œil droit du crâne, au lieu de le laisser tomber par l'œil gauche ?

— Oui. Et cette erreur faisait une différence de deux pouces et demi relativement à la balle, ou plutôt à la position de la cheville près de l'arbre ; l'erreur fort minime au commencement s'accentuait en raison de la longueur de la ligne, et, quand nous fûmes arrivés à une distance de cinquante pieds nous étions absolument fourvoyés. Mais j'avais une telle confiance au trésor enfoui que je ne me laissais pas décourager.

— Mais, votre emphase, vos gestes solennels en balançant le scarabée! Je vous avoue que je vous ai cru fou. Et puis, pourquoi avez-vous tenu à laisser tomber du crâne votre insecte, au lieu d'une balle?

— Franchement, j'étais un peu vexé par vos soupçons relatifs à mon état mental, et je voulais vous punir en vous mystifiant à ma guise. C'est pourquoi je balançais le scarabée comme un pendule, du haut de l'arbre. Et c'est votre observation sur le poids de l'insecte qui m'en suggera la première idée.

— Il ne me reste plus qu'un point à éclaircir. D'où venaient les squelettes trouvés dans le trou ?

— Cette question m'embarrasse aussi bien que

vous ; la seule explication plausible que j'y vois m'épouvante par son atrocité. Il est clair que *Kidd* a dû se faire aider dans sa besogne pour enfouir le trésor. La besogne finie, il aura peut-être trouvé bon de faire disparaître ceux qui possédaient son secret. Tandis que ses camarades étaient dans la fosse, deux bons coups de pioche ont peut-être suffi? peut-être en a-t-il fallu douze?... Mais qui nous le dira?...

LE PUITS ET LE PENDULE

LE PUITS ET LE PENDULE

―――――

...Cette longue agonie m'avait brisé jusqu'à la mort... Quand mes bourreaux me délièrent enfin, je sentis que je perdais connaissance. La terrible sentence de mort fut la dernière phrase distincte qui frappa mes oreilles. Puis, les voix des inquisiteurs s'éteignirent dans le vague bourdonnement d'un rêve et je n'entendis plus rien. Mais, quelque temps encore, j'eus la vision d'un terrible spectacle ! Je voyais remuer les lèvres des juges en robe noire, des lèvres blanches et minces, (plus blanches que la feuille de papier sur laquelle je trace ces lignes), amincies par la férocité et l'implacable mépris des douleurs humaines. Je voyais mon destin s'échapper de ces lèvres en une sentence de mort. Je vis aussi, pendant quelques minutes horribles, onduler les draperies noires de la salle. Les sept flambeaux, déposés sur la table m'apparurent d'abord comme des anges blancs et sveltes, des anges charitables qui devaient me sauver, puis ils se changèrent en spectres à tête de flamme ; je compris qu'il ne fallait attendre d'eux aucune protection. L'idée du repos délicieux de la tombe envahit alors mon imagination comme une harmonie divine ; puis les figures des juges s'évanouirent par magie, les flambeaux s'éteignirent, les ténèbres devinrent opaques ; il me sembla que mon âme se précipitait dans l'Hadès. Et l'univers ne fut plus que nuit, silence, immobilité...

J'étais évanoui, sans avoir pourtant perdu toute conscience ; mais je renonce à décrire ce qu'il m'en restait. Pourtant tout n'était pas perdu.

Dans le plus profond sommeil, dans l'évanouissement, dans la mort, dans le tombeau même, tout n'est pas perdu ! Autrement, il n'y aurait pas d'immortalité pour l'homme. Nous déchirons toujours en nous éveillant la toile de quelque rêve — et, une seconde après, nous ne nous souvenons plus d'avoir rêvé, tant était frêle ce tissu. Il y a deux sentiments dans le retour de l'évanouissement à la vie, le sentiment de l'existence morale ou spirituelle et le sentiment de l'existence physique.

Avec ces deux sentiments revenus, nous retrouvons tous les souvenirs du gouffre transmondain. Ce gouffre, quel est-il ? Comment distinguer ses ombres de celles de la tombe ? Celui qui ne s'est jamais évanoui ne découvrira jamais des palais magiques, des figures familières dans les flammes capricieuses de l'âtre ; il ne contemplera pas, dans les nuages, les mélancoliques et flottantes visions ; il ne méditera pas sur le parfum de quelque fleur inconnue ; il ne s'absorbera pas dans l'audition lointaine d'une mélodie mystérieuse !

Au milieu de mes efforts énergiques pour retrouver quelque vestige de cet état de néant apparent dans lequel avait glissé mon âme, il y eut des moments où je crus parvenir à fixer des souvenirs. Dans les ombres de la mémoire je retrouve, pour ce temps si fugitif, comme de grands fantômes qui m'enlevaient en silence pour me transporter en bas — encore en bas — toujours plus bas — jusqu'au moment où un affreux vertige m'oppressa par la simple idée de l'infini dans la descente. Puis, j'eus le sentiment d'une immobilité soudaine chez tous les êtres qui m'entouraient — comme si les spectres qui me portaient s'étaient arrêtés, vaincus par l'ennui de cette descente infinie... Je sens revenir alors une sensation d'humidité ; — après quoi, ma mémoire en démence s'agite dans l'abominable...

Enfin, je repris conscience du son, du mouvement, et j'entendis battre mon cœur, puis, j'eus la conscience de mon existence, sans aucune autre pensée. Cette situation dura longtemps. Soudain, la pensée revint, et avec elle l'ardent effort pour comprendre la réalité de mon état. Puis, un vif désir de retomber dans l'insensibilité. Puis, la sensation du toucher, une tentative réussie du mouvement. Et, net, précis, complet, le souvenir du procès, des draperies noires, de la sentence, de ma faiblesse, de mon évanouissement. Ce fut tout. L'oubli le plus complet pour le reste. Plus tard seulement, je parvins, avec l'application la plus intense, à me rappeler vaguement ce qui suivit.

Jusque-là, je n'avais pas ouvert les yeux ; je sentais que j'étais couché sur le dos, dégagé de mes liens. J'étendis ma main qui heurta quelque chose d'humide et de dur. J'étais impatient de me servir de mes yeux ; mais je n'osais, redoutant le premier regard jeté sur ma prison. Ce n'était pas que j'eusse peur de voir des choses horribles ; mais j'étais épouvanté à la pensée de ne rien voir. Enfin, avec une angoisse folle, j'ouvris brusquement les yeux. Mes affreux soupçons se trouvaient justifiés ; une nuit éternelle m'enveloppait. Je respirai avec effort, suffoqué par l'intensité des ténèbres et la lourdeur de l'atmosphère. Je restai couché, immobile et tâchai de raisonner ma situation, d'après ce que je savais des procédés de l'Inquisition. Il me semblait qu'un certain temps s'était écoulé depuis la sentence de mort, mais il ne me vint pas à l'idée une seule minute que je fusse réellement mort. Où étais-je? Dans quel état? On brûlait ordinairement les condamnés à mort. — Un auto-da-fé avait eu lieu le soir même du jour de mon jugement. M'avait-on réintégré dans une prison pour y attendre la prochaine solennité de ce genre, qui devait avoir lieu dans quelques mois? Ce soupçon n'était guère possible, car le contingent des victimes avait été mis en réquisition de suite; de plus, mon premier cachot, comme tous ceux qu'on donne à Tolède aux condamnés à mort, était pavé de pierres, et la lumière n'en était pas complètement exclue.

Tout à coup, une pensée terrible fit refluer tout mon sang vers le cœur. J'étendis follement mes bras au-dessus et autour de moi, dans toutes les directions. Je ne sentais rien, mais je n'osais faire un pas, de peur de me heurter contre les murs de ma tombe. La sueur perlait sur mon front en gouttes froides. A la longue, cette incertitude devint intolérable, et je m'avançai en tâtonnant, battant le vide de mes deux bras, quêtant de mes yeux grands ouverts un faible rayon de lumière. Je fis quelque pas; tout était noir. — Je respirai plus librement; il me parut évident que la plus affreuse des destinées n'était pas celle qu'on m'avait réservée.

Comme je continuais à marcher avec précaution, il me vint à l'esprit mille vagues rumeurs qui couraient sur les atrocités de Tolède. On racontait d'étranges choses sur ces cachots, si étranges et si terribles qu'on ne se les contait qu'à voix basse. Devais-je mourir de faim? une destinée plus horrible encore m'était-elle réservée? Je connaissais trop bien le caractère de mes juges pour m'illusionner sur l'atrocité du genre de mort qu'ils me destinaient; le mode et l'heure étaient ce qui me préoccupait le plus.

Bientôt mes mains étendues rencontrèrent un obstacle solide. — C'était un mur très lisse, humide et froid. Je le suivis tout du long, avec la plus grande prudence, mais je ne pus néanmoins vérifier de la sorte la dimension de mon cachot, car le mur semblait tellement uniforme que je pouvais en faire le tour et revenir à mon point de départ sans m'en apercevoir. Je cherchai alors le couteau que je portais dans ma poche au moment de mon jugement, mais il avait disparu et on avait troqué mes vêtements contre une robe de bure grossière. Sans quoi j'aurais enfoncé la lame dans une crevasse de la maçonnerie, pour bien constater mon point de départ. Pour obvier à la difficulté, je déchirai une partie de l'ourlet de ma robe et plaçai le morceau par terre, dans toute sa longueur, et à angle droit contre le mur.

Je ne pouvais pas manquer, dans ma marche à tâtons, de rencontrer le chiffon en achevant le circuit. Je le croyais du moins, mais je n'avais pas réfléchi à l'étendue de mon cachot et à ma faiblesse. Après quelques pas chancelants, je trébuchai et tombai. Je regagnai donc mon lit, où le sommeil me surprit bientôt.

A mon réveil, je trouvai, à portée de ma main, un pain et une cruche d'eau. — Je bus et mangeai avec avidité. Puis, je repris mon voyage à travers ma prison, et finis par trouver, non sans peine, mon lambeau de bure. A ma première chute, j'avais déjà compté cinquante-deux pas ; en reprenant mon calcul, j'en comptai encore quarante-huit jusqu'au chiffon. Les nombreux angles que j'avais heurtés dans le mur rendaient impossible toute appréciation de la forme du caveau ; car il était évident que j'étais dans un caveau. Malgré le peu d'intérêt, et surtout le peu d'espoir que m'offraient ces recherches, je les continuai quand même, par curiosité. Quittant le mur, je m'avisai de traverser la superficie circonscrite. J'avançai d'abord avec précaution, car le sol était traître et glissant, puis, prenant mon courage à deux mains, je me risquai avec plus d'assurance, m'appliquant à traverser en ligne droite, autant que possible. Mais, après une douzaine de pas, ma robe s'entortillant dans mes jambes, je tombai violemment sur le visage.

Dans le désordre de ma chute, je ne tardai pas à remarquer ceci : mon menton touchait le sol du cachot, mais mes lèvres et la partie supérieure de ma tête restaient dans le vide. En même temps, une vapeur visqueuse mouilla mon front, tandis que je flairais une odeur de champignon moisi. J'allongeai le bras et frissonnai, en découvrant que j'étais tombé sur le bord même d'un puits circulaire, dont il m'était impossible, dans ma situation, de mesurer l'étendue. Je réussis à déloger une petite pierre de la maçonnerie et à la laisser tomber dans le gouffre. Elle ricocha quelques secondes sur les parois de l'abîme, puis frappa de l'eau avec un écho sonore. Le bruit d'une porte qu'on ouvre et qu'on referme aussitôt se fit, au même instant, au-dessus de ma tête, tandis qu'un vague rayon de lumière traversait rapidement la nuit.

Je savais maintenant, tout en me félicitant du hasard qui m'avait sauvé, quel horrible genre de mort m'était destiné. Les légendes qui circulaient sur l'Inquisition n'étaient point faites à plaisir — et les condamnés n'avaient d'autre alternative que la mort avec ses plus cruelles souffrances physiques, ou la mort avec ses plus horribles tortures morales. Cette dernière mort devait m'être réservée. Mes nerfs, détendus par de longues angoisses, si bien que le son de ma propre voix m'effrayait, me rendaient de toutes façons un excellent sujet pour cette sorte de torture.

Je rebroussai chemin vers le mur, décidé à ne plus bouger, plutôt que de m'exposer à de nouveaux puits — car mon imagination m'en montrait maintenant partout au milieu des ténèbres. J'aurais dû peut-être abréger mon martyre en faisant un plongeon final, mais j'étais devenu lâche à force d'avoir eu peur. Et puis, j'avais lu que de nouveaux supplices attendaient encore les victimes au fond de ces puits.

Après une longue agitation, je m'assoupis de nouveau — et de nouveau je trouvai à mon réveil, un pain et une cruche d'eau que je vidai d'un seul trait. Cette eau devait contenir quelque drogue soporifique, car je me rendormis instantanément, d'un sommeil de plomb. Je ne sais combien de temps dura ce sommeil, mais quand je rouvris les paupières, les objets autour de moi étaient devenus visibles. Une lueur sulfureuse, venant je ne sais d'où, éclairait la prison dont je pouvais constater l'étendue.

Je m'étais absolument trompé sur ses dimensions ; les murs ne pouvaient pas avoir plus de 25 yards de diamètre. Je m'étais également mépris sur la forme de l'enceinte. J'avais trouvé, en tâtonnant, beaucoup d'angles — et j'en avais déduit l'idée d'une grande irrégularité. Ces angles étaient simplement formés par quelques légères dépressions, à des intervalles inégaux. La prison était carrée ; les murs semblaient maintenant de fer ou de tout autre métal ; leur surface était barbouillée des emblèmes hideux et répulsifs qu'ont inventés les moines, dans leur superstition. Des figures grimaçantes de démons, d'horribles squelettes souillaient les murs de haut en bas. Si les contours de ces dessins étaient distincts, les couleurs, en revanche, semblaient altérées et pâlies par l'humidité de l'atmosphère. Je vis alors que le sol était en pierre ; au centre, se trouvait le puits circulaire que j'avais évité.

J'eus beaucoup de peine à voir tout cela très indistinctement — car ma situation avait changé pendant mon sommeil. J'étais maintenant étendu sur le dos et lié solidement à une charpente de bois très basse, au moyen d'une sangle ; la sangle s'enroulait plusieurs fois autour de mes membres, ne me laissant de libres que la tête et le bras gauche, ce qui me gênait beaucoup pour saisir la nourriture placée à côté de moi. Je vis avec chagrin qu'on m'avait enlevé la cruche ; sans doute, mes bourreaux avaient résolu d'irriter ma soif, car ma nourriture se composait d'une viande très épicée..

Je tournai mon regard vers le plafond de ma prison ; il était à trente ou quarante pieds du sol et semblait fait du même métal que les murs. Je remarquai, dans un de ses panneaux, une figure des plus étranges ; c'était l'image du Temps, comme les artistes ont coutume de nous le peindre, avec cette différence, qu'au lieu d'une faux, il tenait un objet que je pris d'abord pour un de ces énormes pendules qu'on voit dans les vieilles horloges. Mais ce qui fixait surtout mon attention, c'est que cette machine, placée juste au-dessus de ma tête, semblait s'agiter. Je ne me trompais pas, le pendule se balançait avec une lenteur méthodique. Je suivis ses mouvements quelques minutes, puis, fatigué d'un spectacle aussi monotone, j'observai les autres objets du caveau.

Bientôt, un léger craquement se fit entendre — et d'énormes rats sortirent du puits. Attirés par l'odeur de la viande, ils montèrent en troupe vers moi, et j'eus besoin de toutes mes forces pour m'en préserver. Cette lutte dura une demi-heure, une heure peut-être, car je n'avais rien pour fixer la fuite du temps. Quand je relevai les yeux vers le plafond, je constatai avec stupeur que le parcours du pendule s'était accru presque d'un yard; sa descente était visible et sa vélocité s'était de beaucoup augmentée.

Je remarquai aussi que son extrémité inférieure était formée d'un croissant d'acier, mesurant un pied de long, d'une corne à l'autre, et affilé comme un rasoir. Ajusté à une verge de cuivre, il se balançait en sifflant dans l'espace.

Voilà donc le sort que me réservait l'atroce ingéniosité des moines ! Les agents de l'Inquisition m'avaient vu évitant le puits et comme leur système consistait à faire une surprise de chaque supplice, il n'entrait plus dans leur esprit de me précipiter dans l'abîme. J'étais voué à un nouveau mode de destruction.

Pendant combien d'heures cruelles ai-je compté les oscillations vibrantes de l'acier ? Il descendait graduellement vers moi, pouce par pouce, ligne par ligne, toujours plus bas, toujours plus bas! Chaque seconde me semblait un siècle et il s'écoula des jours avant qu'il vînt m'effleurer de son âcre haleine. L'odeur de l'acier aiguisé pénétra dans mes narines. Je priai Dieu de faire descendre le couperet plus vite et m'efforçai, dans ma folie, de me soulever pour aller au-devant du terrible couteau. Puis je retombai immobile, souriant à cette mort étincelante, comme un enfant sourit à un jouet précieux.

Mon insensibilité dura peu, car, en revenant à la vie, je ne pus apprécier la descente du pendule. Les agents qui me surveillaient, je ne sais d'où, avaient-ils profité de mon évanouissement pour arrêter la vibration ?

En revenant à moi, j'éprouvai le besoin de manger, tant il est vrai que la nature humaine réclame toujours ses droits, même au milieu des plus terribles angoisses. **J'étendis mon bras gauche aussi loin que ma sangle me le permettait, et je m'emparai du reste de viande qu'avaient laissée les rats.** Comme j'avalais ma première bouché, une pensée informe de joie, d'espérance, traversa mon esprit. C'était, dis-je, une pensée informe et incomplète. Je sentis que c'était une pensée de joie et d'espérance, mais je sentis aussi qu'elle était morte en naissant. C'est en vain que je m'efforçai de la parfaire, de la rattraper. Trop de souffrances avaient usé mes facultés habituelles; j'étais idiot.

Le pendule s'agitait dans un plan formant angle droit avec la longueur de mon corps. Je vis que le croissant aigu avait été disposé de façon à me scier la région du cœur. Il éraillerait la bure de ma robe, puis il reviendrait et reviendrait encore, répétant son oscillation meurtrière. Malgré la dimension de la courbe décrite (quelque chose comme trente pieds) et l'énergie de sa descente, qui auraient suffi pour couper les murailles de fer elles-mêmes, il était réglé de façon à ne faire, pendant plusieurs minutes, qu'effleurer légèrement, superficiellement, l'étoffe du vêtement. Je me figurai le son que produirait le croissant de métal traversant le tissu de ma robe, la sensation nerveuse que me causerait le frôlement de la toile par l'acier.

Le pendule glissait plus bas, plus bas encore ! J'éprouvais un plaisir sauvage à comparer sa vitesse de haut en bas avec sa vitesse latérale à droite ! à gauche !... Il fuyait, loin, loin, puis revenait, oscillant au-dessus de mon cœur, avec le glapissement d'un damné et l'allure féline d'un tigre.

Plus bas ! plus bas !... l'acier vibrait maintenant à trois pouces de ma poitrine. Je fis un violent effort pour délivrer mon bras gauche, et parvins seulement à le mouvoir, depuis le coude jusqu'à la main. Je pouvais atteindre le plat posé près de moi et le porter à ma bouche. C'était tout. Si j'avais pu délier mon coude, j'aurais essayé d'arrêter le pendule, — autant essayer d'arrêter une avalanche !

Encore plus bas ! inévitablement, fatalement

plus bas! Je poussais un soupir à chaque vibration, je me recroquevillais, à chaque balancement. Je le suivais du regard dans sa volée ascendante, puis, refermais convulsivement les yeux, au moment de la descente, comme si la mort n'eût pas été plus douce que ce supplice. Une seconde suffisait pour que la machine descendît d'un cran, précipitant sur ma poitrine cette hache étincelante. Je frissonnai jusqu'aux moëlles. C'était l'espoir qui vous suit jusque sur le chevalet, l'espérance qui parle tout bas à l'oreille des condamnés à mort, même dans les cachot de l'Inquisition !...

Dix ou douze vibrations seulement séparaient mes vêtements du contact de l'acier, quand je remarquai soudain que la sangle qui m'attachait était d'un seul morceau. La première morsure de l'acier sur cette sangle devait l'entamer suffisamment pour permettre à ma main gauche de la dérouler autour de moi. Les bourreaux avaient-ils prévu ce moyen de leur échapper? Le bandage traversait-il ma poitrine dans le parcours du pendule ? Je me haussai pour m'en assurer;

la sangle ficelait mes membres dans tous les sens, *excepté dans le chemin du croissant meurtrier.*

Mais aussitôt, l'idée de délivrance dont j'ai déjà parlé, cette idée vague et imparfaite, qui m'avait échappé une première fois, et qui m'était venue quand je portai la nourriture à mes lèvres, revint de nouveau hanter mon esprit, plus nette, plus concise, cette fois, complète enfin ! J'en tentai immédiatement l'exécution, avec l'énergie du désespoir.

Depuis quelques heures, les rats grouillaient littéralement, autour du châssis sur lequel j'étais étendu. Hardis et voraces, ils fixaient sur moi leurs yeux rouges, comme s'ils n'attendaient que ma mort pour me déchiqueter. Sans doute, ils vivaient de chair humaine au fond du puits.

Ils avaient déjà dévoré, malgré mes efforts, le contenu du plat, et, plus d'une fois, leurs dents aiguës s'étaient enfoncées dans la main que j'étendais pour protéger ma nourriture. Je pris le reste de la viande huileuse et en frottai soigneusement mon bandage. Puis, je restai immobile, retenant mon souffle, faisant le mort.

Effrayés d'abord de ma subite inertie, les rats me tournèrent le dos et regagnèrent le puits. Mais, me voyant rester toujours sans mouvement, et la gloutonnerie aidant, ils revinrent sur leurs pas, grimpèrent sur le châssis, et flairèrent la sangle. Bientôt, je subis une invasion générale. Des troupes fraîches sortirent du puits — et c'est par centaines que les rats sautèrent sur mon corps. Le mouvement du pendule ne les effrayait pas; ils l'évitaient au passage, et trituraient de leurs mille dents le bandage huilé. Ils fourmillaient sur moi, s'accrochaient à ma gorge et cherchaient mes lèvres de leurs lèvres froides. J'étais suffoqué; un épouvantable dégoût m'oppressait le cœur, mais je sentais que, dans une minute, ils auraient achevé leur besogne. Bientôt, en effet, je sentis que j'étais libre; la sangle pendait en lambeaux. Il était temps! le pendule avait fendu ma robe, coupé ma chemise et il attaquait ma poitrine d'une première oscillation. Mais j'étais sauvé ! d'un revers de main, je mis en fuite mes libérateurs, puis je me glissai lentement, obliquement, en m'aplatissant de mon mieux, hors des atteintes du couteau.

Libre ! mais toujours au pouvoir de l'Inquisition ! A peine avais-je fait quelques pas dans mon cachot, que je vis l'infernale machine arrêter son mouvement, puis remonter au plafond, attirée par une main invisible. Tous mes mouvements étaient donc épiés ! et je n'avais échappé à une mort atroce que pour courir sans doute les risques d'une mort nouvelle, plus atroce encore ?

A cette pensée, je roulai des yeux effarés autour de moi. Quelque chose de singulier — un changement qu'il me fut impossible d'apprécier exactement d'abord, s'opéra dans ma prison. Tout en y réfléchissant, je m'aperçus, pour la première fois, de l'origine de la lumière sulfureuse qui éclairait mon cachot. Elle provenait d'une fissure d'un demi-pouce qui faisait le tour du cachot, à la base des murs, et les séparait ainsi complètement du sol. C'est en vain que je

tâchai de voir par cette fissure ; comme je m[e]
relevais, découragé, le mystère de ces métamor[-]
phoses de la chambre me fut soudain dévoilé[.]
Les couleurs des peintures murales, d'abor[d]
altérées, venaient de prendre un éclat vif, qu[i]
rendait les figures mille fois plus horribles. Le[s]
démons braquaient sur moi des yeux féroces, o[ù]
brillait un feu étrange ; cela ne pouvait être u[n]
feu imaginaire. Je n'avais qu'à respirer pou[r]
attirer dans mes narines la vapeur du fer chauffé[.]
Une odeur atroce se répandait dans la prison[,]
et les yeux dardés sur mon agonie devenaien[t]
de plus en plus ardents, tandis que les horrible[s]
peintures s'empourpraient d'un rouge de sang[.]
Je ne pouvais plus douter du dessein de me[s]
bourreaux. La paroi de fer était chauffée à roug[e]
par un feu violent. Haletant, je reculai loin d[u]
métal brûlant, vers le centre du cachot, où l[a]
fraîcheur du puits me soulagea comme u[n]
baume.

Mais la chaleur augmentait rapidement. Un[e]
fois encore, j'ouvris les yeux, frissonnant comm[e]
dans un accès de fièvre. Un second changemen[t]

avait eu lieu dans la prison, un changement de forme, cette fois. La chambre avait été carrée, et je m'apercevais que deux de ses angles étaient aigus maintenant, avec deux obtus forcément Le contraste augmentait rapidement avec un grondement sourd. En quelques minutes, la chambre avait pris la forme d'un losange. Et la transformation se précipitait rapidement. — Je ne désirais pas, du reste, la voir s'arrêter. — J'eusse plutôt volontiers étreint les murs rouges contre ma poitrine, pour avoir l'éternelle paix ! Toutes les morts me semblaient douces, excepté celle du puits. Insensé ! Je n'avais pas compris qu'il *fallait le puits*, que ce puits seul était la raison du feu brûlant qui m'environnait ! Le losange s'aplatissait maintenant, avec une étonnante rapidité. Son centre coïncidait juste avec l'ouverture du gouffre. Je voulus reculer, mais les murs se resserraient sur moi. Enfin, le moment vint où, brûlé, contorsionné, je trouvai à peine une place pour poser mon pied sur le sol du cachot. Je renonçai à la lutte en poussant un long cri de désespoir, je me sentis chanceler sur le bord de l'abîme. Je fermai les yeux...

Soudain, j'entendis le fracas des trompettes et le grondement sourd du canon. Les murs enflammés reculèrent. Un bras vigoureux saisit le mien, comme je tombais dans l'abîme. C'était le bras du général Lassalle. Les Français venaient d'entrer à Tolède. L'Inquisition était vaincue.

LE PORTRAIT OVALE

LE PORTRAIT OVALE

Le château dans lequel mon domestique avait voulu pénétrer de force, plutôt que de me laisser passer la nuit dehors, dangereusement blessé comme je l'étais, avait la grandeur mélancolique des vieux manoirs des Apennins. Les créneaux dévastés, ses tours en ruine rappelaient les romans de mistress Radcliffe.

Sans doute les maîtres l'avaient abandonné depuis peu. Nous nous installâmes dans une des chambres les plus petites et les plus simplement meublées, située dans une aile du bâtiment. La décoration en était ancienne et riche. Sur les tapisseries qui recouvraient les murs, des trophées héraldiques de toute forme alternaient avec des tableaux modernes aux cadres d'or finement ciselés. Dans la fièvre de mon délire, je pris un vif intérêt à ces peintures qui étaient suspendues, non seulement sur les faces principales des murs, mais encore dans une foule de recoins que comportait l'architecture étrange du château ; aussi j'ordonnai à Pedro de fermer les volets de la chambre, d'allumer un grand candélabre à plusieurs branches, placé près de mon chevet, et d'ouvrir complètement les rideaux de velours noirs à crépines du lit. De cette façon, je pouvais, en cas d'insommie, me distraire au spectacle de ces peintures, tout en lisant un petit volume que j'avais trouvé sous l'oreiller et qui en renfermait l'appréciation détaillée.

Je lus très longuement, tout en contemplant pieusement les toiles ; les heures s'écoulèrent, rapides, en si glorieuse compagnie, et minuit sonna bientôt. Gêné par la position du candélabre, ne voulant pas éveiller mon valet, je fis l'effort d'étendre le bras, et plaçai ma lumière de façon à ce qu'elle éclairât mon livre. Mais je m'y pris mal sans doute, car les rayons de la flamme tombèrent sur une niche de la chambre qu'une colonne du lit avait couverte d'ombre jusque-là ; j'aperçus alors une peinture qui m'avait tout d'abord échappé. C'était un portrait de jeune fille, déjà formée et presque femme. Après un coup d'œil rapide, je fermai soudain les yeux, sans comprendre pourquoi. Je voulus me rendre compte, tandis que mes paupières restaient closes, de la raison qui me les faisait fermer ainsi — je conclus à un mouvement involontaire pour gagner du temps et pour penser, pour m'assurer que je n'étais pas dupe de ma vue, pour calmer mon esprit et le préparer à un examen plus froid et plus sûr. Après quelques minutes, je fixai de nouveau attentivement la peinture.

Cette fois, je ne pouvais pas me tromper sur la netteté de mon regard, car le premier rayon du flambeau sur la toile avait chassé l'engourdissement rêveur de mes sens, en me rappelant à la vie réelle.

C'était, je l'ai déjà dit, un portrait de jeune fille, une simple tête avec des épaules, le tout dessiné dans le style des vignettes. Je reconnus la manière de Sully, dans ses meilleures compositions. Le bras, la gorge, les boucles de cheveux se fondaient harmonieusement avec l'ombre vague qui servait de fond à la toile. Le cadre ovale était doré et ciselé dans le goût mauresque. J'étais, à coup sûr, en présence d'un incomparable chef-d'œuvre. Cependant, il me semblait que l'émotion extraordinaire dont j'étais envahi ne provenait, ni du talent de l'artiste, ni de l'immortelle beauté de la figure. Encore moins pouvais-je penser que mon imagination, égarée par un demi sommeil, eût pris la tête pour celle d'une personne en chair et en os; les détails du dessin, le style des vignettes, et la magnificence du cadre doré auraient immédiatement dissipé mon erreur et détruit ma trop rapide illusion. Tout en réfléchissant de la sorte, je n'en restai pas moins les yeux rivés au portrait, durant une heure entière.

Je finis par découvrir le secret de l'émotion qu'il me causait. Le charme de la peinture résidait dans une expression vitale, absolument adéquate à la vie elle-même ; cette expression m'avait d'abord fait tressaillir, puis m'avait confondu. Je replaçai donc le candélabre dans sa position première, avec un respect mêlé d'épouvante. La peinture retomba dans l'ombre, je pris vivement le livre qui renfermait la légende des tableaux et j'y lus l'étrange et très vague récit que voici :

C'était une jeune fille d'une beauté rare et qui n'avait pas moins de gaieté que de charme. Maudit soit le jour où elle vit, aima et épousa le peintre! Lui, travailleur passionné et austère, ayant déjà fait une maîtresse de son art ; elle, non moins aimable que folle, faite de lumière et de sourires, aimant et chérissant toutes choses, hormis l'art, son rival ; haïssant palette et pinceaux, et tout ce qui la privait de l'amour de son bien-aimé. Aussi, grande fut son épouvante, lorsqu'elle entendit le peintre exprimer le désir de faire son portrait! Mais elle était surtout humble et obéissante — pendant de longues semaines, elle posa avec douceur dans la sombre et haute chambre de la tour, où la lumière tombait, bien pâle, du plafond sur la toile. Quant à son mari, il mettait sa gloire dans ce portrait qu'il avançait chaque jour, un peu plus.

C'était un homme étrangement passionné, hanté sans cesse par des rêveries profondes ; aussi ne s'apercevait-il pas que le peu de lumière, qui tombait tristement dans cette tour isolée, ruinait la santé de sa femme, ce que chacun remarquait. Pourtant, elle souriait toujours, sans une plainte, ne voulant pas troubler le plaisir que l'artiste prenait à sa tâche, alors qu'il peignait nuit et jour celle qui l'aimait tant, mais qui devenait de plus en plus faible et languissante. Les visiteurs parlaient tout bas de la ressemblance merveilleuse du portrait, comme d'une double preuve du génie de l'artiste et de son amour pour sa femme. Mais, à la longue, comme la besogne touchait à sa fin, on n'admit plus personne dans la tour. Absorbé dans son œuvre, le peintre ne détournait plus les yeux de sa toile, même pour regarder son modèle. Et il *ne voulait* pas voir que les couleurs qu'il étalait sur la toile étaient tirées des joues de celle qui posait près de lui. Après bien des semaines, comme il ne restait plus que peu de chose à faire, une touche sur la bouche et un glacis sur l'œil, l'esprit de la jeune femme palpita encore comme la flamme dans la lampe. Alors, la touche fut donnée, le glacis fut posé. Pendant une minute l'artiste, se tint en extase devant son œuvre, puis il devint subitement pâle, il frissonna, il s'écria d'une voix vibrante : En vérité, c'est la vie elle-même !

Il se retourna alors, pour regarder sa bien-aimée.

Elle était morte !

LA LETTRE VOLÉE

LA LETTRE VOLÉE

———

J'étais à Paris en 18... Après une sombre et nuageuse soirée d'automne, je fumais une pipe d'écume de mer, en compagnie de mon ami Dupin, dans son cabinet d'étude, rue Dunot, 33, au faubourg Saint-Germain, quand la porte de notre appartement s'ouvrit pour donner passage à notre vieille connaissance, M. G..., le préfet de police de Paris.

Nous lui souhaitâmes cordialement le bonjour, car nous ne nous étions pas vus depuis plusieurs années. Il était venu pour nous consulter, ou plutôt pour avoir l'opinion de mon ami sur une affaire qui l'embarrassait beaucoup.

— Si votre cas demande réflexion, nous l'examinerons plus efficacement dans les ténèbres, — observa Dupin qui repoussa la lampe qu'il s'apprêtait à allumer.

— Voilà encore une de vos étranges manies! riposta le préfet qui traitait de manie tout ce qu'il ne comprenait pas.

— C'est vrai! fit Dupin, en installant G... dans un excellent fauteuil, et en lui offrant une pipe. Voyons maintenant votre cas embarrassant. J'aime à croire qu'il ne s'agit pas encore d'un assassinat.

— Oh! non — l'affaire est des plus simples. Nous nous en serions certainement tirés nous-mêmes ; mais j'ai pensé que vous seriez bien aise de la connaître, vu son excessive bizarrerie.

— Simple et bizarre?

— Oui, l'expression n'est sans doute pas très exacte, — ce qu'il y a de certain c'est que cette affaire, malgré sa simplicité, nous déroute complètement.

— Enfin, demandai-je, quelle est la chose en question ?

— Je vous la dirai en peu de mots, répondit le préfet, tout en se carrant dans son fauteuil au milieu des nuages de sa pipe. Mais, promettez-moi le plus grand secret, avant que je commence, car je perdrais certainement ma place si l'on apprenait que j'ai conté cette affaire...

— Commencez ! fîmes-nous en chœur.

— Eh bien, sachez donc que j'ai été informé personnellement, en très haut lieu, de la disparition d'un document de la plus haute valeur, soustrait dans les appartements royaux. On sait le nom du voleur; on l'a vu à l'œuvre. On sait aussi qu'il détient toujours le document.

— Comment peut-on savoir cela ? demanda Dupin.

— Cela ressort de la nature même du document et de la non-apparition de certains résultats qui se produiraient infailliblement s'il sortait des mains du voleur, s'il était employé en vue du but que celui-ci se propose.

— Soyez un peu plus clair, dis-je.

— Enfin ce papier confère à son détenteur un certain pouvoir dans un certain lieu — et ce pouvoir est inappréciable.

— Je n'y comprends rien du tout, fit Dupin.

— Enfin, enfin, murmura le malheureux préfet, gêné dans son *cant* diplomatique, ce document, montré à un troisième personnage dont je ne dirai pas le nom, mettrait en jeu l'honneur d'une personne de la cour, d'une personne illustre dont la sécurité se trouve ainsi à la merci du voleur, — ce qui donne à ce dernier tout ascendant sur elle.

— Le voleur, interrompis-je, sait donc que la personne volée connaît son voleur.

— Le voleur c'est D..., un homme capable de tout. Et remarquez l'ingéniosité du vol : le document en question, une lettre, a été remise à la personne illustre, tandis qu'elle se trouvait seule dans le boudoir royal. Au milieu de sa lecture, elle fut interrompue par la visite de l'autre illustre personnage à qui elle devait surtout cacher cette lettre. N'ayant pas eu le temps de l'enfouir dans un tiroir, elle la jeta tout ouverte sur une table. Sur ces entrefaites arrive le ministre D... Son œil de lynx aperçoit immédiatement le papier, reconnaît l'écriture, remarque l'embarras et pénètre le secret de la dame en question.

Après avoir expédié rapidement quelques affaires, il sort de sa poche une lettre à peu près semblable, l'ouvre, feint de la lire, et la pose à côté de l'autre. Puis il se remet à causer des affaires d'État. Enfin, il prend congé en emportant la lettre qui ne lui appartient pas. Sa victime le vit, mais n'osa l'arrêter en présence du troisième personnage, assis à ses côtés. La lettre laissée par le ministre sur la table était une lettre sans aucune importance.

— Je m'explique maintenant, fit Dupin en se tournant vers moi, l'ascendant du voleur sur sa victime.

— Oui, répliqua le préfet, et depuis quelque temps il en a si largement usé dans un but politique fort dangereux, que la personne volée veut reconquérir sa lettre à tout prix. Mais la chose ne peut se faire ouvertement ; elle m'a donc chargé, dans son désespoir, de cette commission délicate.

— On ne pouvait, fit Dupin, choisir un agent plus sagace.

— Il est clair, dis-je à mon tour, que le ministre possède toujours la lettre, puisque c'est à son unique possession qu'il doit son ascendant...

— Vous avez raison, répliqua G... Aussi, mon premier soin fut de fouiller minutieusement l'hôtel du ministre, à son insu, bien entendu, ce qui n'était pas commode. Il eut été dangereux de lui donner le moindre soupçon de notre dessein. Le genre de vie du ministre, absent généralement toute la nuit, me donnait le champ libre. Les domestiques couchent assez loin de son appartement ; ce sont des Napolitains qu'il est facile d'enivrer. Vous savez que mes clefs ouvrent toutes les chambres et tous les cabinets de Paris ; pendant trois mois, j'ai fouillé chaque nuit en personne l'hôtel D... Je m'étais piqué d'honneur ; de plus la récompense est énorme. Mais, après avoir scruté tous les coins et recoins, je dus abandonner mes recherches devant la conviction que le voleur était plus fin que moi.

— Serait-il impossible, demandai-je, que le ministre eût caché la lettre autre part que dans sa maison ?

— Etant données les habitudes de la cour, fit Dupin, je crois que la possibilité de produire le document à la minute est pour beaucoup dans son efficacité. Le ministre n'a donc pas à s'en séparer un instant.

— C'est vrai, répondis-je. Le papier est évidemment dans l'hôtel, à moins toutefois que le ministre ne le porte constamment sur lui.

— Je l'ai fait arrêter deux fois par de faux voleurs qui l'ont fouillé devant moi, riposta le préfet.

— Peine inutile! exclama Dupin. D... n'est pas absolument fou, et il a dû prévoir ce guet-apens.

— Pas absolument fou, c'est vrai, — fit G..., toutefois c'est un poète, ce qui n'est pas très éloigné d'un fou...

7

— Vous avez raison, répliqua Dupin, et je vous approuve, bien que je me sois rendu coupable, moi-même, de certaines rapsodies...

— Racontez-nous, dis-je, les détails précis de vos recherches.

— Nous avons entrepris la maison toute entière, chambre par chambre, nous avons d'abord examiné les meubles, ouvert tous les tiroirs. Vous savez que, pour nous autres, un tiroir secret n'existe pas; nous apprécions, avec des règles exactes, la quantité de volumes et de surfaces que renferme une pièce; la cinquantième partie d'une ligne ne peut nous échapper.

Nous avons sondé les coussins des sièges avec de longues et fines aiguilles. Nous avons enlevé le dessus des tables; parfois le dessus d'une table ou d'un meuble recouvre une cachette; on creuse même le pied d'une table ou le montant d'un lit pour y enfouir un objet, qu'on prend soin d'entourer de coton, afin de rendre impossible la découverte de la cavité par l'auscultation.

— Mais vous n'avez pas pu défaire toutes les

pièces du mobilier propres à recéler un dépôt. Une lettre roulée en spirale, en forme d'aiguille à tricoter, peut être introduite dans un bâton de chaise. Avez-vous démonté les chaises ?

— Nous avons fait mieux, nous avons examiné chaque bâton et même les jointures des bâtons, à l'aide d'un puissant microscope. Un seul grain de la poussière causée par la vrille nous aurait sauté aux yeux : un bâillement des jointures, une parcelle de colle nous aurait révélé la cachette.

— Vous avez, sans doute, aussi examiné les glaces, entre la glace et le planchéiage ; vous avez fouillé les lits et leurs courtines, les rideaux et les tapis ?

— Certainement, et, de plus, nous avons examiné la maison elle-même. Nous avons divisé sa surface en cases numérotées, nous avons examiné chaque pouce carré au microscope, et nous avons compris dans cet examen les deux maisons adjacentes.

— Dans les maisons, comprenez-vous le sol ?

— Le sol est pavé en briques ; il nous a suffi

d'examiner la mousse entre les briques : elle était intacte.

— Avez-vous visité les papiers de D..., les livres de sa bibliothèque ?

— Évidemment. Nous avons parcouru les livres, feuillet par feuillet ; nous avons mesuré l'épaisseur de chaque reliure, et nous les avons soumises au microscope. Une insertion récente dans une reliure n'aurait pu nous échapper. Nous avons sondé avec des aiguilles cinq ou six volumes fraîchement reliés.

— Avez-vous exploré les parquets, sous les tapis ?

— Les planches ont été fouillées au microscope.

— Et les papiers des murs ?

— Egalement.

— Êtes-vous descendus dans les caves ?

— J'y suis descendu... Me voici donc convaincu que la lettre n'est pas dans l'hôtel. Que me conseillez-vous de faire ?

— A votre place, fit Dupin, je recommencerais la perquisition. Pour moi, la lettre est très certainement dans l'hôtel. Avez-vous un signalement exact de cette lettre ?

Le préfet tira son carnet et se mit à nous lire une description très détaillée du document soustrait, de son aspect intérieur et spécialement de l'extérieur. Puis, il prit congé de nous, plus perplexe et plus découragé qu'avant.

Un mois après, il nous fit une seconde visite et nous trouva plongés dans nos méditations habituelles. Nous causâmes, en fumant, de choses et d'autres ; enfin je lui dis :

— Et votre lettre volée ? avez-vous abandonné la partie au ministre ?

— Le Diable emporte la lettre ! J'ai recommencé la perquisition sur l'avis de Dupin, mais j'ai de nouveau perdu ma peine.

— A quel chiffre se monte la récompense promise ? demanda Dupin.

— Elle est très forte. C'est vraiment une récompense royale. Sans vouloir vous fixer le chiffre, je vous avouerai que je payerais bien cinquante mille francs de ma bourse à celui qui découvrirait la lettre. Cette capture devient de plus en plus urgente, et la récompense a été doublée, tout dernièrement. Mais on la triplerait que je ne pourrais faire mieux que ce que j'ai fait !

— Mon avis, fit Dupin, est que vous n'êtes pas allé jusqu'au fond de la question. Il me semble que vous pouviez faire un peu plus..

— Comment?... dans quel sens?

— Vous souvenez-vous de l'histoire d'Albernethy?

— Pas le moins du monde. Au diable votre Albernethy !

— Eh bien, un bourgeois riche, mais fort avare, s'avise de soutirer pour rien une consultation à Albernethy. Il entama donc avec lui une conversation quelconque, au milieu de laquelle il trouva moyen de glisser son propre cas, comme celui d'un individu imaginaire. « Nous supposons, dit l'avare, que les symptômes sont de telle sorte... maintenant, docteur, que me conseillez vous de prendre?

— Que prendre? dit Albernethy, mais prendre conseil à coup sûr !

— Je ne demande pas mieux que de prendre-

conseil, fit le préfet, puisque je donnerais même cinquante mille francs à celui qui me tirerait d'embarras.

— Faites-moi un bon pour cette somme, répliqua Dupin, en sortant un livre de mandats d'un tiroir. Quand vous l'aurez signé, je vous donnerai votre lettre.

Je fus stupéfait. Quant au préfet, il resta muet, la bouche ouverte, les yeux ronds, l'air parfaitement stupide. Enfin, il saisit une plume, signa le bon et le tendit à Dupin qui l'enferma soigneusement dans son portefeuille, puis tira une lettre d'un pupitre et la donna à G...

Le préfet la saisit d'une main tremblante, la parcourut rapidement d'un coup d'œil, et, sans prononcer une syllabe, attrapa la porte et se précipita dans la rue.

Quand il fut parti, mon ami m'expliqua sa trouvaille :

— La police parisienne, me dit-il, est fort habile et possède à fond tous les secrets de son métier. Quand G... nous racontait sa perquisition, je rendais justice à ses talents, et j'étais sûr qu'il avait agi pour le mieux dans le cercle de sa spécialité. En un mot, si la lettre avait été cachée dans le rayon de ses investigations, il l'aurait certainement trouvée.

Mais les mesures employées avaient le tort d'être inapplicables au cas et à l'homme dont il s'agissait. Dans toute cette affaire, le préfet se trompe sans cesse, par trop de profondeur ou trop de superficialité. Un enfant raisonnait mieux que lui.

J'ai connu un gamin de huit ans qui étonnait tout le monde par son infaillibilité au jeu de pair ou impair. Ce jeu fort simple se joue avec des billes. Un joueur enferme dans sa main un certain nombre de billes et dit à l'autre : Pair ou non ? Si l'autre devine juste, il gagne une bille ; il en perd une, au contraire, s'il se trompe. L'enfant en question gagnait toutes les billes de ses camarades. Son mode de devination consistait dans l'observation de la finesse de ses adversaires. Avait-il affaire à un nigaud, et perdait-il pour avoir répondu impair ? Alors il était sûr de gagner à la seconde épreuve. Car il se disait ceci :

l'imbécile avait mis pair la première fois, toute la ruse dont il est capable consistera à mettre impair à la seconde : je redirai donc impair ! — Et il gagnait.

Avec un adversaire moins sot, il aurait raisonné de la sorte : le garçon voit que, dans le premier cas, j'ai dit : impair ; il se proposera d'abord, dans le second, une simple variation de pair à impair, comme a fait le premier nigaud ; puis, il réfléchira que c'est vraiment là un changement trop simple, et il mettra pair, comme la première fois. Je dirai : pair, et je gagnerai. Ce mode de raisonnement, comment le définirez-vous ?

— C'est, répondis-je, l'identification de l'esprit de notre raisonneur avec celui de son adversaire.

— Absolument. Quand mon petit écolier voulait savoir jusqu'à quel degré quelqu'un était intelligent ou stupide, bon ou méchant, ou quelles étaient ses pensées actuelles, il composait, aussi exactement que possible, son visage d'après le sien, et attendait alors pour savoir quelles pensées ou quels sentiments naîtraient dans son esprit ou dans son cœur, comme pour correspondre avec sa physionomie.

En cela, ce gamin dépassait en profondeur La Rochefoucauld, La Bruyère, Machiavel et Campanella.

— Et l'identification de l'esprit du raisonneur avec celui de son adversaire dépend alors de l'exactitude avec laquelle l'esprit de l'adversaire est apprécié?

— C'est en effet la condition, répondit Dupin. Si le préfet et ses agents se sont souvent trompés, c'est pour avoir négligé cette identification d'abord ; c'est ensuite, pour n'avoir pas su apprécier l'intelligence avec laquelle il entrait en lutte. Ils ne voient qu'eux d'ingénieux, et, lorsqu'ils cherchent quelque chose, ils se demandent invariablement de quelle façon ils auraient caché eux-mêmes cette chose. Ils calculent juste, en ce sens que leur propre ingéniosité est une copie exacte de celle de la foule ; mais, quand il se présente un malfaiteur particulier, dont la finesse diffère de la leur, ils sont toujours déçus. Leur grand tort est donc de ne pas varier leur système d'investigation, de s'en tenir à leur vieille routine qu'ils exagèrent encore, lorsqu'ils sont poussés par l'appât d'une récompense extraordinaire.

Qu'ont-ils fait dans le cas de D... par exemple, pour changer leur système d'opération? Ces perforations, ces fouilles, ces sondes, ces microscopes, ces divisions de surface en cases numérotées, tout cela n'est-il pas la vieille routine investigatrice, poussée jusqu'à l'exagération?

Remarquez-vous ce préfet qui s'imagine que tout homme, pour cacher une lettre, se servira fatalement d'un trou fait à la vrille dans le pied d'un meuble, ou de quelque coin plus ou moins singulier!

Des cachettes aussi vulgaires ne sont utilisées que par des imbéciles; cette manière laborieuse de cacher un objet est, en principe, présumable et présumée; elle n'échappera pas à la patience du premier chercheur venu. Vous comprenez maintenant ce que je voulais dire, en affirmant que, si la lettre volée avait été cachée dans le rayon de la perquisition de notre préfet, il l'eût infailliblement découverte. Cependant le préfet a fait fausse route, et la cause première de sa défaite est dans la supposition qu'il a faite que le ministre était fou, parce qu'il était poète à ses heures! Pour un préfet tous les fous sont poètes.

— Mais est-ce vraiment le poète? demandai-je. Ne sont-ils pas deux frères, qui tous deux se sont fait un nom dans les lettres? Le ministre est, je crois, l'auteur d'un livre très apprécié sur le calcul différentiel et intégral. Il est le mathématicien et non le poète.

— Vous êtes dans l'erreur. Il est à la fois poète et mathématicien. En sa double qualité de poète et de mathématicien, il a dû raisonner juste; comme simple mathématicien, il n'aurait pas raisonné du tout et serait tombé dans le panneau du préfet.

— Vous m'étonnez! La raison mathématique est regardée depuis longtemps comme la raison *par excellence*.

— Au dire de Chamfort, répliqua Dupin, il y a à parier que toute idée publique, toute convention reçue est une sottise, car elle a convenu au plus grand nombre.

Les mathématiciens se sont donné beaucoup de mal pour propager l'erreur dont vous parlez. Par exemple ils nous ont habitué à appliquer le terme *analyse* aux opérations algébriques. Si les termes de la langue ont une importance réelle, si les mots tirent leur valeur de leur application, oh! alors, je vous accorde qu'*analyse* traduit *algèbre*, absolument comme le mot latin *ambitus* signifie ambition, comme *religio* signifie religion, comme *homines honesti* veut dire la classe des honnêtes gens.

— Vous allez, dis-je, vous faire une querelle avec la plupart des algébristes de Paris.

— Je conteste la puissance de tout raisonnement qui s'appuie sur un procédé spécial, autre que la logique abstraite. Je conteste, surtout, le raisonnement déduit de l'étude des mathématiques!

Les mathématiques étant la science des formes et des quantités, le raisonnement mathématique n'est que la simple logique, appliquée à la forme et à la quantité. Nous nous trompons surtout, en estimant que les vérités qu'on nomme purement algébriques sont des vérités abstraites ou générales. Cette erreur est tellement lourde que je m'étonne de la voir pratiquée par tout le monde. Les axiomes mathématiques ne sont pas des axiomes d'une vérité générale ; ce qui est vrai, de forme ou de quantité, est souvent faux relativement, à la morale par exemple. Et, dans la morale, il est absolument faux que la somme des fractions soit égale au tout. En chimie, l'axiome a encore tort. Dans l'appréciation d'une force motrice, il a tort également ; car deux moteurs ayant chacun une puissance donnée, n'ont pas, nécessairement, quand ils sont associés, une puissance égale à la somme de leurs puissances prises séparément. Une quantité d'autres vérités mathémathiques ne sont des vérités que dans les limites du rapport. Mais le mathématicien raisonne, toujours d'après ses *vérités finies*, comme si elles étaient générales. Dans sa remarquable Mythologie, Bryant mentionne une source analogue d'erreurs, lorsqu'il dit que, bien que nous ne croyons pas aux fables du paganisme, nous ne manquons pas d'en tirer des déductions quand même, comme si elles étaient de vivantes réalités. Bref, je n'ai jamais rencontré de pur mathématicien, en qui on pût se fier, en dehors de ses racines et de ses équations; je n'en ai pas connu un seul qui ne tînt pas pour article de foi que $x^2 + px$ est absolument égal à 0. Essayez de dire à l'un de ces messieurs qu'il ne nous paraît pas impossible que $x^2 + px$ ne soit pas absolument égal à 0 ; et, lorsqu'il aura compris votre blasphème, sauvez-vous vite hors de sa portée, si vous ne voulez pas être assommé !

Oui, si le ministre n'avait été qu'un mathématicien, le préfet n'aurait pas été obligé de me souscrire ce billet. Le sachant mathématicien et poète, j'avais pris mes mesures, en raison de sa capacité, et des circonstances qu'il traversait. Je réfléchis qu'un pareil homme, à la fois homme de cour et intrigant audacieux, devait connaître à fond les procédés de la police. Il avait dû prévoir les guet-apens et les perquisitions dans son hôtel. Ces absences nocturnes étaient autant de ruses pour faciliter les recherches de la police et lui persuader que la lettre n'était plus dans l'hôtel. Enfin, je m'imaginai qu'il partageait mes idées sur les pratiques routinières de la police, en cas de perquisition.

Il devait donc dédaigner les cachettes vulgaires, sachant bien d'avance, que la cachette la plus profonde, la plus compliquée de son hôtel, n'échapperait pas aux sondes, aux vrilles et aux microscopes du Préfet. Enfin, il avait dû viser à la simplicité. A ce propos, avez-vous jamais remarqué quelles sont les enseignes de magasins qui attirent le plus le regard ?

J'avouai n'avoir jamais songé à cela.

— Je connais, reprit Dupin, un jeu de divination qu'on joue avec une carte géographique. Un des joueurs prie quelqu'un de devenir un nom de ville, de fleuve ou d'Etat, compris sur la carte. Mais, tandis qu'un joueur novice cherche à dérouter son adversaire, en lui donnant à deviner des noms, écrits en caractères minuscules, le joueur expérimenté choisit, au contraire, les mots en gros caractères, qui s'étalent d'un bout de la carte à l'autre. Ces mots-là, comme les enseignes à lettres énormes, échappent à l'observateur, précisément à cause de leur excessive évidence ; un esprit subtil ne s'arrête point à des considérations trop palpables, évidentes jusqu'à la banalité. Mais notre Préfet n'a pas compris cela. Il n'a jamais cru possible que le ministre eût placé sa lettre sous le nez de tout le monde, précisément pour empêcher un individu quelconque de l'apercevoir.

Plus je réfléchissais à l'audacieux et brillant esprit de D..., à ce fait qu'il avait dû toujours avoir le document sous la main, pour en faire un usage immédiat, si besoin était, et à cet autre fait que, d'après la déclaration du Préfet, le document n'était pas caché dans les limites d'une perquisition ordinaire, plus j'étais persuadé que le ministre avait eu recours, pour cacher sa lettre, à l'expédient le plus simple du monde, qui était de ne pas la cacher du tout.

Convaincu d'être dans le vrai, je pris, un beau matin, une paire de lunettes vertes et me présentai, comme par hasard, à l'hôtel du ministre. Je trouvai D... chez lui, bâillant, flânant, et se prétendant atteint du spleen. De mon côté, je me plaignis de la faiblesse de ma vue qui me condamnait à porter des lunettes, mais, à l'abri de ces lunettes, j'inspectai minutieusement l'appartement, tout en faisant semblant d'écouter mon hôte.

J'examinai, plus spécialement, l'immense bureau devant lequel il était assis, bureau encombré de lettres, de papiers et de livres. Mais je n'y remarquai rien qui pût éveiller un soupçon.

Enfin, en parcourant la chambre, mes yeux tombèrent sur un méchant porte-cartes, orné de clinquant, et suspendu par un ruban crasseux à un petit bouton de cuivre, au-dessus du manteau de la cheminée. Il avait trois ou quatre compartiments, et contenait quelques cartes de visite et une lettre, salie, chiffonnée, presque déchirée en deux. Cette lettre était scellée de noir, avec le chiffre de D... bien en évidence. Elle était adressée au Ministre, et l'adresse était d'une écriture de femme, très fine. On avait dû la jeter négligemment, presque dédaigneusement, dans l'un des compartiments supérieurs du porte-cartes.

A peine eus-je regardé la lettre, que je jurai que c'était celle que je cherchais. Son aspect différait pourtant complètement de celui décrit par le Préfet. Le sceau était large et noir, avec le chiffre D.., tandis que, dans l'autre, il était petit et rouge, avec les armes ducales de la famille S. Ici, l'adresse était d'une écriture féminine ; dans l'autre, l'adresse, portant le nom d'une personne royale, était d'une écriture hardie et décidée. Les deux lettres n'avaient qu'un point de commun, la dimension.

Ce fut précisément le caractère excessif de ces différences, joint à la saleté du papier, fripé et maculé, malgré les habitudes élégantes de D.., qui me confirma pleinement dans mes soupçons.

Je restai aussi longtemps que possible et, tout en soutenant une vive polémique avec le ministre, sur un point que je savais être très intéressant pour lui, je ne perdais pas de vue la lettre. Une nouvelle découverte que je fis acheva de chasser mes moindres doutes. Je remarquai que les bords du papier étaient plus éraillés que nature ; ils offraient l'aspect cassé d'un papier dur qui a été retourné comme un **gant**, replié **et** recacheté. Je saluai le ministre et sortis, en oubliant ma tabatière en or, sur le bureau.

Je revins, le matin suivant, chercher ma tabatière, et nous reprîmes vivement la conversation de la veille. Mais, au plus fort de notre discussion, un coup de pistolet partit sous les fenêtres de l'hôtel, suivi des rumeurs de la foule épouvantée. D... se précipita vers une fenêtre, pour regarder dans la rue.

Pendant ce temps, j'allai droit au porte-cartes, j'enlevai la lettre que je serrai dans ma poche, et la remplaçai par un fac-simile que j'avais préparé chez moi, en contrefaisant le chiffre de D... à l'aide d'un sceau en mie de pain.

L'émeute de la rue avait été causée par un passant qui avait déchargé son fusil sur un groupe de femmes et d'enfants. Mais, comme l'arme n'était chargée qu'à poudre, on le prit pour un fou ou pour un ivrogne, et on le laissa continuer son chemin. Peu d'instant après, je pris congé de D... Le prétendu fou était un homme à moi que j'avais payé.

— Mais pourquoi, lui demandai-je, avez-vous remplacé la lettre par un fac-simile ? Il m'eut paru plus simple de vous en emparer, à votre première visite !

— D... est un gaillard solide, répliqua Dupin ; il est capable de tout ; enfin, ses domestiques lui sont dévoués. En agissant comme vous le dites, je ne serais certainement pas sorti vivant de chez lui, et les bonnes gens de Paris n'auraient plus entendu parler de moi. Outre ces considérations, j'en avais une plus particulière ; mes sympathies politiques me constituent le champion de la dame en question. Depuis dix-huit mois, le ministre la tenait en son pouvoir ; aujourd'hui, elle le tient à son tour, d'autant plus sûrement, qu'il va recommencer ses tentatives de chantage, puisqu'il ignore la disparition de la lettre. Sa chute sera soudaine et grotesque. Je n'ai pas la moindre pitié pour lui — rien n'est plus dangereux qu'un homme de génie sans honnêteté ; je serais même heureux d'assister à ses angoisses quand, mis au défi par celle qu'il exploite, il ouvrira la lettre laissée par moi dans le porte-cartes.

— Y auriez-vous écrit quelque chose, par hasard ?

— Il n'eut pas été convenable de laisser le papier en blanc. Jadis, à Vienne, D... m'a fait une sottise ; je lui ai promis de m'en souvenir. Enfin, il ne fallait pas le priver du plaisir de connaître la personne qui l'avait joué. J'ai donc, de mon écriture à lui familière, copié ces deux vers, au milieu de la page :

.... Un dessein si funeste,
S'il n'est digne d'Astrée, est digne de Thyeste.

Je les ai pris dans l'Astrée de Crébillon.

LE CHAT NOIR

LE CHAT NOIR

Ajoutera-t-on foi à la très étrange, et pourtant très intime histoire, que je vais raconter? J'en doute fort. Je serais vraiment fou d'y compter, car mon bon sens lui-même rejette son propre témoignage. Cependant, je ne suis pas fou, et je ne rêve pas le moins du monde. Je sais que je vais mourir demain, et je voudrais alléger ma conscience. Je confesserai clairement, brièvement, sans commentaires, une série de simples événements domestiques, événements qui, dans leurs conséquences, m'ont épouvanté, torturé, anéanti. Peut-être sembleront-ils moins terribles aux autres qu'à moi-même. Peut-être aussi, plus tard, une intelligence plus calme, plus logique que la mienne, réduira-t-elle mon fantôme en poudre et ne trouvera-t-elle dans les circonstances que je raconte en tremblant, qu'une succession très ordinaire de causes et d'effets très naturels?

J'eus, dès mon enfance, un caractère fort doux et fort humain. Ma bonté singulière m'avait rendu le jouet de mes camarades. J'adorais surtout les animaux, et mes parents m'avaient permis d'en avoir toute une certaine collection. Mon plus grand plaisir était de leur donner la pâture, de les caresser. En grandissant, cet amour des bêtes s'accrut encore; leur commerce devint mon passe-temps favori. Ceux qui se sont attachés à un chien fidèle comprendront bien la nature et la vivacité de mes jouissances. Il y a, dans l'amour désintéressé d'une bête, dans l'abandon d'elle-même qu'elle fait à son maître, quelque chose qui nous va droit au cœur, surtout lorsque nous avons été déçus sur la pauvre amitié, sur la fidélité si mobile de l'homme.

Marié de bonne heure, j'observai avec joie, chez ma femme, une tendance sympathique à la mienne. Sachant mon goût pour les animaux domestiques, elle s'ingéniait à m'en procurer, de l'espèce la plus agréable ; nous eûmes des oiseaux, un poisson doré, un chien, des lapins, un petit singe et un chat.

Ce chat était un animal très robuste, très beau, complètement noir, d'un remarquable instinct. En parlant de cet instinct, ma femme, demeurée fort superstitieuse, évoquait constamment la croyance populaire qui voit, dans les chats noirs, autant de sorcières déguisées. Peut-être n'était-ce, de sa part, qu'un simple badinage? Si je mentionne ce fait, c'est parce qu'il me revient, en ce moment même, à la mémoire.

Pluton, c'était le nom du chat, était mon camarade favori. Je le nourrissais moi-même, je l'avais sans cesse sur mes talons ; il m'aurait suivi dans la rue, si je n'y avait pris garde.

Cette bonne amitié dura plusieurs années, pendant lesquelles, je rougis de le dire, des habitudes d'intempérance altérèrent complètement mon caractère. De jour en jour, je devins plus morne, plus irritable, plus égoïste. Je parlais brutalement à ma femme, je finis même par la battre. Naturellement, mes animaux se ressentirent aussi de mon changement de caractère; je les négligeais ; je les rouais de coups. Seul, Pluton m'inspirait encore un certain respect qui le mettait à l'abri de mes colères, — mais je n'éprouvais aucun scrupule à maltraiter le lapin, le singe et même le chien, quand ils se trouvaient sur mon passage.

Mon mal faisait des progrès rapides, car, quel mal est comparable à l'alcool! Pluton lui-même, qui commençait à devenir maussade en vieillissant, subit aussi les contre-coups de ma méchante humeur !

Une nuit, je rentrais ivre, au sortir d'un de mes cabarets du faubourg. Je m'imaginai que le chat fuyait ma présence. Je l'empoignai ; dans sa frayeur, il me mordit légèrement la main. Une colère diabolique s'empara de moi; je ne me connus plus. Mon âme sembla soudain s'envoler de mon corps; une méchanceté, fouettée par la chaleur du gin, envahit tout mon être. Je pris un canif dans la poche de mon gilet, je l'ouvris, saisis la pauvre bête à la gorge, et lui fis sauter un œil de l'orbite!... Je rougis encore, en écrivant cette épouvantable atrocité!... Quand, le matin, je revins à la raison, quand j'eus cuvé les vapeurs de mon ivresse, j'éprouvai un profond sentiment d'horreur pour le crime que j'avais commis ; mais ce remords fut encore impuissant à me ramener à la tempérance. Je voyais bientôt, dans le gin, le souvenir de ce que j'avais fait.

Le chat guérit, lentement. Si l'orbite de l'œil garda son sanglant aspect, du moins, il n'en parut plus souffrir. Il se promenait dans la maison, comme autrefois, et continuait à m'éviter avec un redoublement de terreur. J'avais encore assez de bon pour souffrir de la haine d'un animal qui m'avait adoré jadis; mais, cette souffrance se changea bientôt en irritation. C'est alors que m'apparut, pour ma chute finale et irrémédiable, l'esprit de Perversité! Les philosophes ne tiennent aucun compte de cet esprit ; mais, aussi vrai que mon âme existe, je crois la perversité une des premières impulsions du cœur humain, un des premiers sentiments qui pétrissent le caractère de l'homme. N'avons-nous pas, tous autant que nous sommes, commis une action, sotte ou infâme, par cette seule raison que nous savions devoir ne pas la commettre ? N'avons-nous pas une éternelle tendance à violer la loi ? Cet esprit de perversité vint consommer ma ruine.

C'est ce désir insondable de l'âme d'être son propre bourreau, de violenter sa propre nature, qui me poussait à consommer le supplice de cette bête inoffensive. Un matin, avec tout mon sang-froid, je fis un nœud coulant autour du cou du chat, et je le pendis à la branche d'un arbre ; je le pendis, les yeux pleins de larmes, le cœur bourrelé de remords ; je le pendis, parce qu'il m'avait aimé, parce qu'il ne m'avait donné aucun sujet de chagrin ; je le pendis, avec l'âcre volupté de commettre un péché mortel, qui perdait à jamais mon âme immortelle, et la rendait inaccessible, même à l'immense miséricorde du Dieu Très-Bon et Très-Terrible !

Dans la nuit qui suivit mon crime, je fus réveillé en sursaut par les cris : « Au feu ! » Mes rideaux de lit flambaient, la maison flambait tout entière. Ma femme, ma domestique et moi, nous échappâmes à grand peine à la mort. Ma fortune entière fut engloutie dans ce désastre — et je n'essayai plus, dès lors de lutter contre le désespoir.

Je suis trop sceptique pour vouloir établir un rapport entre mon ignoble action et ce malheur. Mais, je ne veux pas sauter un anneau dans la chaîne des faits que je déroule. Au lendemain de l'incendie, je visitai les ruines. Une seule muraille était restée debout ; c'était une cloison intérieure, très mince, contre laquelle j'avais appuyé le chevet de mon lit. Le briquetage avait été épargné en grande partie par le feu, probablement parce qu'il avait été récrépi depuis peu. La foule s'était assemblée devant cette muraille, et semblait l'examiner attentivement, en donnant des marques de la plus vive surprise. Cette curiosité excita la mienne ; je m'approchai à mon tour, et vis, comme un bas-relief sculpté sur le plâtre, la silhouette d'un énorme chat, avec une corde au cou.

A cette apparition, mon étonnement devint de l'effroi. Puis, après réflexion, je me souvins avoir pendu le chat dans un jardin adjacent à la maison. Ce jardin avait été envahi par la foule aux premières lueurs du sinistre : Quelqu'un sans doute avait dépendu l'animal et l'avait jeté dans une chambre, par la croisée ouverte, dans l'intention louable de m'éveiller. L'écroulement des autres murailles avait comprimé le chat dans le plâtre fraîchement délayé ; la chaux du mur, combinée avec les flammes et l'ammoniaque du cadavre, avait réalisé l'image qui se dressait devant moi.

Mais, malgré cette satisfaction que j'imposai à ma raison, sinon à ma conscience, je n'en demeurai pas moins sous l'impression d'une profonde terreur. Durant plusieurs nuits, le fantôme du chat vint m'assaillir, et un semblant de remords se glissa de nouveau dans mon âme. Je pleurai la perte de l'animal; je fis plus, je lui cherchai, autour de moi, dans les cabarets ignobles que je hantais, un successeur de même espèce, et autant que possible, de même figure.

Une nuit, comme je buvais dans un bouge infâme, j'aperçus une forme noire qui se dressait sur l'un des énormes tonneaux de gin ou de rhum dont la salle était pleine. Je m'approchai d'elle et la touchai avec ma main : C'était un chat noir, un gros chat, plus gros même que Pluton, et lui ressemblant trait pour trait, avec cette seule différence que Pluton n'avait pas un poil blanc, tandis que, lui, portait sur sa poitrine une large tache blanche, d'un contour indécis.

Il se leva subitement, au contact de ma main, ronronna, se frotta contre moi et parut très sensible à mon examen. J'offris immédiatement au cabaretier de le lui acheter; mais il ne le revendiqua pas comme son bien, et me dit qu'il le voyait pour la première fois. Je continuai donc à caresser l'animal qui se mit de lui-même à me suivre à la sortie du cabaret. Une fois à la maison, il s'y installa, comme chez lui, et devint aussitôt le favori de ma femme.

Quant à moi, je ne tardai pas à le détester cordialement; c'était le contraire de ce que j'avais espéré, et je ne sais comment cela se fit. Son évidente tendresse pour moi me lassait et m'écœurait presque. J'en arrivai bientôt à le haïr, et je l'évitais le plus possible. Le souvenir honteux de mon premier acte de barbarie fit que je m'abstins de le maltraiter; mais je le considérais avec horreur, fuyant son odieuse présence comme un souffle empesté. Je m'aperçus aussi que, tout comme Pluton, il avait été privé d'un de ses yeux — et cette découverte mit le comble à ma haine, tandis qu'elle lui attirait, au contraire, un redoublement de tendresse de la part de ma femme qui possédait, à un vif degré, cette douceur de sentiment, source de mes anciennes joies les plus pures — hélas à jamais perdues!

Par contre, l'affection du chat pour moi grandissait, en raison de mon aversion. Il me suivait à chaque pas, se glissait sous ma chaise, grimpait sur mes genoux, m'accablait de ses immondes caresses. Quand je me levais, il se faufilait dans mes jambes, au risque de me jeter par terre; d'autrefois, il enfonçait ses griffes pointues dans mon vêtement, et grimpait de la sorte jusqu'à ma poitrine.

Dans ces moments-là, le souvenir de mon ancien crime, joint à une terreur superstitieuse de la bête, m'empêchait seul de l'assommer d'un bon coup!

Je suis presque honteux d'avouer, même dans la cellule de malfaiteur d'où j'écris, oui, je suis presque honteux d'avouer que cette terreur, que m'inspirait l'animal, provenait surtout d'une des plus sottes chimères du monde! Plus d'une fois, ma femme m'avait fait remarquer le caractère étrange de cette tache blanche dont j'ai parlé, et qui formait l'unique différence entre ce chat et celui que j'avais tué. J'ai déjà dit que cette tache, quoique grande, m'avait d'abord semblé d'une forme indécise; mais, peu à peu, graduellement, par d'imperceptibles degrés, que je considérai longtemps comme imaginaires, elle avait pris, à la longue, une parfaite netteté de contours. Elle représentait maintenant, à s'y méprendre, un objet que je frémis de nommer — et — c'était là ce qui, surtout, m'avait fait prendre en dégoût l'odieuse bête, — elle représentait un gibet! Oh! machine infâme et terrible! Instrument de crime et d'ignominie, d'agonie et de mort!

En vérité, j'étais maintenant malheureux, au delà des limites humaines. Comment une bête brute, dont j'avais immolé le frère, pouvait-elle me causer une aussi épouvantable infortune, à moi, homme façonné à l'image du Dieu Très-Puissant? Je ne goutais plus de repos, ni le jour, ni la nuit. Le jour, le chat ne me quittait pas d'une semelle, et, la nuit, quand je m'éveillais d'un rêve sinistre, je sentais sur mon visage l'haleine tiède du chat, tandis que, vivante incarnation d'un éternel cauchemar, il broyait mon cœur sous son poids énorme...

De semblables tortures firent s'évanouir le peu de bon qui me restait. Des pensées sombres et mauvaises devinrent mes plus intimes pensées. La mélancolie de mon caractère se changea en haine de l'humanité. Ma femme, qui ne se plaignait jamais, hélas! devint mon souffre-douleur constant, la victime résignée des colères furieuses qui ne me quittaient plus. Un jour, elle m'accompagna, pour un travail domestique, dans la cave de la vieille maison, que notre misère nous forçait d'habiter. Le chat, qui m'avait suivi sur les marches roides de l'escalier, faillit me faire tomber, la tête la première ; ce qui me rendit fou de rage. Je brandis ma hache. Et, laissant de côté la peur enfantine qui m'avait retenu jusque-là, j'assénai sur l'animal un coup qui l'eût tué, s'il avait porté dans sa direction première ! Mais ma femme détourna mon bras. Furieux de cette intervention, plus enragé qu'un démon, je retournai ma colère sur elle et lui enfonçai la hache dans le crâne. Elle tomba morte, à l'instant, sans pousser un cri...

Cet horrible crime accompli, je songeai vivement à cacher le corps. Je ne pouvais évidemment pas l'emporter de la maison, soit le jour, soit la nuit, sans risquer d'être vu par les voisins. Plusieurs projets me vinrent à l'esprit. J'eus l'idée d'abord, de couper le cadavre en petits morceaux et de le jeter au feu ; puis je résolus successivement de creuser une fosse dans la cave, de noyer le cadavre dans le puits de la cour, de l'emballer dans une caisse, comme marchandise, et d'en charger un commissionnaire. Enfin je m'arrêtai à un expédient qui me parut meilleur que les autres, c'était de le murer dans la cave, ainsi qu'autrefois les moines du moyen âge muraient leurs victimes.

La cave se prêtait admirablement à un pareil dessein. Les murs, construits à la légère, avaient été, depuis peu, enduits d'une couche de gros plâtre que l'humidité du sous-sol rendait presque malléable. Il y avait de plus, dans l'un des murs, une saillie, causée par une fausse cheminée qui avait été comblée et maçonnée, dans le même genre que le reste de la cave. Rien n'était plus facile que de déplacer les briques à cet endroit, d'y introduire le corps, et de murer le tout de la même façon, sans qu'un œil y pût rien découvrir de suspect.

Mon calcul était juste. J'enlevai les briques, à l'aide d'une pince, j'appliquai le corps contre le mur intérieur, et le maintins ainsi, jusqu'à ce que j'eusse rétabli la maçonnerie dans son état primitif. Avec du mortier, du sable et du poil, je fis un crépi, absolument semblable à l'ancien, et j'en badigeonnai très habilement le nouveau briquetage. Enfin, mon opération réussit à souhait ; les gravats une fois enlevés et le sol nettoyé, le mur ne présenta pas la plus légère trace de dérangement. Je promenai, autour de moi, un regard de triomphe en pensant : « Ici, du moins, je n'aurai pas perdu mon temps ! »

Je me mis ensuite à la recherche de la bête qui avait causé un si grand malheur ; je voulais absolument la tuer. Mais, alarmé par la violence de ma colère, le chat s'était enfui. Il me fut impossible de le retrouver. Je renonce à décrire l'immense soulagement que me causa son absence. Il eut soin de ne pas reparaître de toute la nuit, et ce fut la première nuit que je dormis tranquille, depuis son entrée dans la maison — car je dormis ! avec le poids de ce meurtre sur la conscience !

Trois jours s'écoulèrent, sans que mon bourreau reparût. Je respirai à pleins poumons, comme un homme libre. Le monstre avait déserté pour toujours. Je ne le verrais donc plus jamais! Cette joie suprême étouffait en moi tout souvenir de mon crime. La police ne m'inquiétait que fort peu ; elle avait bien fait une sorte d'enquête, mais l'enquête avait dérouté ses soupçons. Une perquisition n'avait, naturellement, amené aucune découverte. J'étais parfaitement rassuré sur ma sécurité.

Le quatrième jour après l'assassinat, une escouade d'agents envahit inopinément ma demeure, et procéda de nouveau à une enquête minutieuse. Certain de l'inviolabilité de ma cachette, je n'éprouvai nul embarras. Les officiers, qui m'ordonnèrent de les accompagner, explorèrent le moindre petit coin. Pour la quatrième fois, ils descendirent dans la cave. Pas un de mes muscles ne tressaillit, et mon cœur battit paisiblement comme celui du plus innocent des hommes. D'un bout à l'autre de la cave, je me promenai, les bras croisés sur la poitrine, avec un flegme étourdissant. Je brûlais du désir de leur dire un mot, rien qu'un mot, pour assurer mon triomphe et les convaincre deux fois de mon innocence.

« Gentlemen, leur dis-je enfin, comme ils remontaient l'escalier, je suis heureux d'avoir détourné vos soupçons. Vivez en bonne santé, et soyez désormais plus courtois. Je vous ferai remarquer, en passant, gentlemen, que voici une maison admirablement bien construite. Ces murs, ne partez pas encore, gentlemen, ces murs sont très solidement maçonnés ! »

Et, par une bravade d'énergumène, je cognai fortement, avec ma canne, sur la partie du briquetage, derrière laquelle j'avais précisément enseveli l'épouse de mon cœur.

Ah ! que Dieu me protège et me sauve des griffes de l'Archidémon ! L'écho de mes coups s'était à peine éteint, qu'une voix me répondit du fond de la tombe ! une plainte, faible d'abord, entrecoupée comme le sanglot d'un enfant, puis s'élargissant en un cri sonore et lugubre, un cri anormal, antihumain, moitié horreur, moitié triomphe, — comme l'Enfer seul peut en produire, alors que les damnés gémissent dans leurs tortures et que les démons triomphent dans la damnation!...

Ce serait folie que vouloir décrire mon épouvante. Je m'appuyai contre le mur, pour ne pas tomber. Les officiers, remontés sur les marches, demeurèrent une minute muets de terreur. Puis, une douzaine de bras robustes s'attaquèrent au mur qui croula d'un seul bloc. Le corps apparut, debout, souillé de sang, déjà décomposé. Sur sa tête, la gueule rouge, l'œil unique flamboyant, était perché le hideux animal dont l'astuce m'avait poussé au crime et dont la voix vengeresse me livrait au bourreau... J'avais muré le chat dans la tombe !

DOUBLE ASSASSINAT DANS LA RUE MORGUE

DOUBLE ASSASSINAT DANS LA RUE MORGUE

———

   Les facultés de l'esprit qu'on appelle analytiques échappent généralement à l'analyse. C'est par leurs résultats seuls qu'elles se trahissent. Elles sont la source de joies intenses pour celui qui les possède à un degré supérieur. De même que l'homme fort se complaît dans l'exercice de sa force, l'analyste met sa gloire dans cette activité spirituelle, toujours en quête de l'inconnu. Il s'amuse des plus futiles occasions qui mettent en jeu ses talents ; il adore les rébus, les hiéroglyphes. La puissante perspicacité dont il fait preuve prend un caractère surnaturel, bien au-dessus du vulgaire. Les résultats habilement déduits par sa méthode peuvent passer pour une intuition secrète. Cette faculté de résoudre les problèmes obscurs est due le plus souvent à l'étude approfondie des mathématiques, et plus particulièrement, de la branche de cette science qui s'appelle, fort improprement, « l'analyse. »

En effet, tout calcul ne renferme pas une analyse. Et le joueur d'échecs fait très bien l'un sans l'autre.

Je ne me pique pas de formuler ici un traité d'analyse ; je veux simplement mettre, en tête d'un récit étrange, quelques observations en guise de préface.

Je le proclame tout d'abord ; la puissance de la réflexion est bien plus activement mise en œuvre par le modeste jeu de dames, que par celui, si laborieusement compliqué, des échecs. Dans ce dernier, où les pièces, douées de mouvement divers et bizarres, représentent des valeurs diverses, la complexité passe pour de la profondeur. L'attention, puissamment éveillée, ne doit pas se relâcher une minute, sous peine d'une erreur entraînant perte ou défaite. Grâce à la variété des mouvements, les chances de pareilles erreurs sont nombreuses. Aussi, neuf fois sur dix, le joueur le plus attentif gagnera le plus habile en combinaisons.

Le mouvement des dames, au contraire, est des plus simples; les probabilités d'inattention sont donc moindres, et le joueur ne doit ses avantages qu'à sa perspicacité supérieure.

Supposons, en effet, un jeu de dames, où la totalité des pièces soit réduite à quatre ; il est évident que, la partie étant absolument égale, la victoire ne peut résulter que d'une habile tactique et d'un profond effort de cerveau. Privé des ressources ordinaires, l' « analyste » pénètre dans l'esprit de son adversaire, s'y identifie avec lui, et découvre souvent, d'un coup d'œil, le moyen de l'attirer dans un faux calcul.

Le whist a été cité également pour son action sur la faculté du calcul; on a vu des hommes de la plus haute valeur y prendre un plaisir extrême, le préférer de beaucoup à la frivolité des échecs. En effet, la faculté de l' « analyse » y est vivement excitée ; le meilleur joueur d'échecs du globe ne saurait être autre chose que le meilleur joueur d'échecs ; un fort joueur de whist, au contraire, est capable de réussir dans les plus importantes spéculations de l'esprit.

L'art de l' « analyse » se manifeste, surtout, dans les cas en dehors de la règle ; il fait, en silence, tout un travail d'observation et de déduction.

Notre joueur ne se confine pas dans son jeu, et, bien que ce jeu soit le principal, il ne rejette pas, pour cela, les déductions qui lui viennent d'objets étrangers. Il étudie la physionomie de son adversaire, regarde la manière dont chacun distribue ses cartes ; note chaque impression des visages, à mesure que le jeu marche, et les suit dans leurs différentes phases de surprise ou de certitude, de triomphe ou de mauvaise humeur. A la façon dont une personne ramasse une levée, il devine si elle peut en faire une autre dans la suite. Une parole involontaire, une carte qui tombe ou qu'on retourne, qu'on ramasse avec anxiété ou insouciance, le compte des levées, l'ordre dans lequel elles sont rangées, l'embarras ou la vivacité, l'hésitation ou la trépidation sont, pour lui, autant de symptômes et de diagnostics. Après les deux ou trois premiers tours, il possède à fond le jeu qui est dans chaque main — et pourrait jouer ses cartes, avec l'assurance de connaître les cartes des autres.

Il ne faudrait pas confondre la faculté d'«analyse» avec la simple ingéniosité.

Il arrive souvent que l'homme ingénieux est incapable d'analyse, tandis que l' «analyste» est nécessairement ingénieux. Cette ingéniosité, révélée par le don de combinaison ou « constructivité », se trahit parfois chez des êtres d'une intelligence voisine de l'idiotie. Entre l'ingéniosité et l'aptitude analytique, la différence est beaucoup plus grande qu'entre l'imaginative et l'invention.

L'homme ingénieux est toujours plein d'imaginative, l'homme vraiment imaginatif est toujours un « analyste. »

L'histoire qui suit sera un commentaire lumineux des propositions que j'avance.

J'habitai Paris, pendant le printemps et une partie de l'été de 18... Je m'y liai avec un monsieur C.-Auguste Dupin. C'était un gentilhomme, de famille illustre, qu'une série de malheurs avait réduit à la plus grande pauvreté. Son énergie ne résista pas à tant de désastres ; il abandonna le monde, renonçant à tout espoir de refaire sa fortune. Une petite rente que lui abandonna le générosité de ses créanciers lui permit de vivre avec la plus stricte économie. Son seul luxe consistait en livres ; à Paris on s'en procure facilement.

Notre connaissance se fit dans un méchant cabinet de lecture de la rue Montmartre où nous recherchions tous deux le même livre, très remarquable et fort rare ; nos goûts de bibliophiles nous rapprochèrent bien vite et nous arrivâmes à nous voir fréquemment.

Son histoire de famille qu'il me raconta dans tous ses détails, avec cette candeur et cet abandon du Français parlant de ses propres affaires, m'intéressa vivement. Je fus fort surpris de la prodigieuse étendue de ses lectures, mais surtout, je me sentis charmé par la chaleur singulière de son imagination. Je cherchais dans Paris certains objets qui faisaient mon unique étude, et je vis de suite que la société d'un tel homme serait pour moi un inappréciable trésor. Nous décidâmes donc de vivre ensemble, pendant la durée de mon séjour et, comme j'étais un peu plus riche que lui, je me chargeai de louer et de meubler, dans un style en rapport avec la mélancolie de nos caractères, une vieille maison presque en ruine, sise dans une rue écartée du faubourg Saint-Germain, et qu'une légende superstitieuse, dont nous ne daignâmes pas nous occuper, avait rendue déserte depuis fort longtemps.

Nous eussions certainement passé pour des fous dans le quartier, si l'on avait connu la routine de notre vie et la réclusion complète qui en faisait tous les frais. J'avais caché soigneusement notre adresse à mes anciens camarades ; et, comme Dupin avait, depuis de longues années, cessé tout commerce avec le monde, nous ne vivions qu'entre nous, ne recevant pas une seule visite.

Une des bizarreries de mon ami était d'aimer la nuit pour l'amour de la nuit ; la nuit était sa passion ; je ne tardai pas à l'imiter moi-même, en cela comme dans toutes ses autres originalités. Mais il ne faisait pas toujours nuit ; nous imaginâmes alors une nuit artificielle. Dès la pointe du jour, nous fermions les lourds volets de notre demeure, et nous allumions des bougies parfumées qui brûlaient discrètement d'une flamme très pâle ; c'est dans cette pénombre que nous livrions notre âme à ses rêves, que nous écrivions, que nous lisions, que nous causions, jusqu'au retour de la nuit véritable. Avertis par la pendule, nous sortions alors à travers les rues, bras dessus, bras dessous, achevant la causerie commencée, battant le pavé au hasard, demandant aux lumières et aux ténèbres de l'immense cité les excitations cérébrales que ne savaient donner ni l'étude ni le silence.

Dans ces promenades, je ne pouvais m'empêcher d'admirer la force analytique dont était doué Dupin. Il l'exerçait, l'étalait même à tout propos, sans cacher le grand plaisir qu'il en tirait. « Bien des hommes, me disait-il avec un sourire de triomphe, ont pour moi une petite fenêtre ouverte à l'endroit du cœur! » Et, comme preuve de son assertion, il me donnait une analyse exacte et profonde de ma propre personne.

A ces moments-là, ses allures devenaient glaciales et rêveuses, ses yeux roulaient dans le vide ; sa voix, une voix de ténor ordinairement, s'élevait jusqu'à la voix de tête. Malgré cette pétulance, sa délibération semblait parfaitement claire et certaine. Je pensais alors, en l'observant, à la vieille philosophie de l'âme double ; je supposais un Dupin double, un Dupin créateur et analyste.

Qu'on ne s'imagine pas que je vais écrire un roman ; il n'y avait dans ce singulier Français qu'une imagination surexcitée, malade peut-être. Un exemple donnera une preuve de la nature de ses observations.

Nous parcourions, certaine nuit, une des ruelles sales qui entourent le Palais-Royal ; plongés chacun dans nos rêves, nous n'avions pas échangé une parole depuis un quart d'heure, quand Dupin s'écria tout d'un coup :

— Cet homme est, ma foi, trop petit! il tiendrait mieux son emploi au théâtre des Variétés.

— Assurément, répondis-je, distraitement, sans remarquer tout d'abord la singulière façon dont Dupin adaptait sa parole à ma propre pensée. Je revins à moi une minute après, et mon étonnement fut immense.

— Je suis stupéfié, lui dis-je gravement. Oui, voilà qui passe mon intelligence et j'en peux à peine croire mes sens. Comment avez-vous pu deviner que je songeais à...

Je me gardais bien de dire le nom pour m'assurer qu'il l'avait réellement deviné.

— A Chantilly! dit-il. A quoi bon vous interrompre? Vous remarquiez en vous-même que sa petite taille le rendait gauche dans les rôles tragiques.

C'était vrai. Chantilly, un ancien savetier de la rue Saint-Denis qui se croyait la vocation du théâtre, avait joué le rôle de Cérès, dans la tragédie de Crébillon, et s'y était montré dérisoire. On l'avait sifflé.

— Pour l'amour de Dieu, expliquez-moi par quel moyen vous avez pu pénétrer dans mes réflexions!

J'étais vraiment plus étonné encore que j'aurais voulu le paraître.

— C'est, répliqua Dupin, le fruitier qui vous a amené à conclure que le cordonnier n'était pas de taille à jouer Cérès et les autres rôles tragiques.

— Le fruitier! Je ne connais de fruitier d'aucune sorte.

— Si! l'homme qui vous a heurté tout à l'heure, quand nous avons tourné la rue...

Je me souvins en effet qu'un fruitier portant sur la tête un panier de pommes, avait failli me renverser par sa maladresse, comme nous passions d'une rue dans une autre. Mais, quel rapport pouvait exister entre cet accident et Chantilly?

D'un autre côté il m'était impossible d'accuser Dupin de charlatanisme.

— Pour que vous puissiez comprendre plus

clairement, poursuivit-il, nous allons remonter la série de vos réflexions, depuis le moment dont je vous parle jusqu'à la rencontre du fruitier. Nous formons ainsi une chaîne dont les anneaux successifs sont : *Chantilly, Orion, le docteur Nichole, Epicure, la stéréotomie, les pavés, le fruitier.*

Nous nous sommes tous amusés, à un moment de notre vie, à remonter le cours de nos idées pour savoir quel chemin avait pris notre esprit avant d'arriver à ses conclusions. Si intéressante que soit cette occupation, nous sommes étonnés tout d'abord de notre incohérence et de l'énorme distance entre notre point de départ et notre point d'arrivée. Aussi, mon étonnement fut grand quand je fus forcé de m'avouer que Dupin avait dit l'exacte vérité.

— Si je ne me trompe, continua-t-il, nous causions de chevaux, juste avant de quitter la rue C... Ce fut notre dernier sujet de conversation. Comme nous entrions dans la rue, le fruitier vous bouscule sur un tas de pavés, entassés dans un endroit où la voie est en réparation. Vous avez glissé sur une pierre branlante et vous vous êtes légèrement froissé la cheville ; fort mécontent vous avez murmuré quelques paroles, en vous retournant pour regarder le tas, puis vous avez continué silencieusement votre route. L'observation est devenue pour moi une telle nécessité que je ne vous perdais pas de vue. Vous deviez certainement penser toujours aux pierres, car vos yeux fouillaient le sol, comptant les trous, les ornières de pavé. Quand nous fûmes arrivés passage Lamartine, où l'on vient d'essayer le pavage e bois, un système de blocs solidement assemblés, votre physionomie s'éclaircit, je vis vos lèvres remuer. Je ne doutai pas que vous ne prononciez le mot « stéréotomie », terme qui désigne fort prétentieusement ce mode de pavage. Le mot stéréotomie vous amenant nécessairement à penser aux atômes, et de là une théorie d'Epicure. Je savais que dans nos récentes discussions vous m'aviez fait remarquer que les vagues conjectures du célèbre philosophe grec avaient été confirmées par les dernières théories sur les nébuleuses ; vous ne pouviez donc vous empêcher à ce sujet de regarder la grande nébuleuse d'Orion, ce que vous fîtes du reste. Je tenais donc le fil de votre rêverie. Or, dans la critique amère de Chantilly que publiait hier le *Musée*, le journaliste, par une piquante allusion au changement de nom du savetier quand il a chaussé le cothurne, citait un vers latin qui nous est souvent revenu sur les lèvres :

Perdidit antiquum littera prima sonum.

Nous avons dit qu'il avait trait à Orion qui s'écrivait d'abord Urion : nous nous étions disputés fort aigrement à ce sujet et vous ne deviez point avoir oublié cette discussion. Les deux idées d'Orion et de Chantilly devaient donc fatalement s'associer dans votre esprit ; et je vis cette association au sourire particulier qui vous vint aux lèvres. Vous pensiez à l'exécution du malheureux savetier, vous y pensiez si bien que vous redressâtes votre taille un peu voûtée jusqu'alors — muette protestation contre la petite taille de Chantilly. Je vous interrompais, à ce moment, pour vous faire observer que cet avorton de Chantilly serait vraiment bien mieux à sa place au théâtre des Variétés. »

Quelques jours après cet entretien, nous parcourions un soir la *Gazette des Tribunaux*, quand nos yeux tombèrent sur le fait-Paris suivant :

« Double assassinat des plus étranges. —
« Ce matin vers trois heures, les habitants du quartier Saint-Roch furent éveillés en sursaut par d'horribles cris qui partaient du quatrième étage d'une maison de la rue Morgue, étage occupé par une dame l'Espanage et sa fille, mademoiselle Caroline l'Espanage. Après quelques efforts infructueux pour se faire ouvrir la porte, on la força avec une pince, et quelques voisins entrèrent avec deux gendarmes.

« Les cris avaient cessé ; mais, au moment où tout ce monde atteignit le premier étage, on entendit deux grosses voix qui semblaient se disputer, tout au haut de la maison. Ces bruits avaient cessé à partir du second palier. Les voisins visitèrent toutes les chambres. Enfin, dans une vaste pièce, située sur la cour du quatrième étage, dont il fallut également forcer la porte, ils se trouvèrent en présence d'un horrible spectacle.

» Les meubles brisés jonchaient le sol; les matelas de l'unique lit avaient été arrachés. On trouva sur une chaise un rasoir plein de sang, dans la cheminée, trois longues mèches de cheveux gris qu'on avait dû arracher violemment avec les racines. On ramassa sur le parquet quatre napoléons, une boucle d'oreille en topaze, trois cuillers d'argent; trois plus petites en ruolz, enfin, deux bourses contenant à peu près quatre mille francs en or. Les tiroirs d'une commode placée dans un coin avaient été ouverts, mais le contenu en paraissait intact; on découvrit sous la literie, non pas sous le bois de lit, un petit coffret de fer, tout ouvert, avec sa clef dans la serrure, qui renfermait de vieilles lettres et des papiers sans importance.

» On cherche partout madame l'Espanage, et on finit par trouver dans la cheminée le cadavre de sa fille qui avait dû y être introduit de force, la tête en bas, et poussé assez loin par l'étroite ouverture. Le corps était encore chaud, le visage était rayé de fortes égratignures, des meurtrissures profondes et des traces d'ongles autour de la gorge attestaient que la mort avait eu lieu par strangulation. Après de nouvelles perquisitions minutieuses, on découvrit enfin le cadavre de la vieille dame dans une petite cour pavée, située sur le derrière de la maison. La gorge avait été si violemment coupée que la tête se détacha du tronc, au premier attouchement ; les membres étaient si mutilés qu'ils ne gardaient plus forme humaine.

» **Un affreux mystère** plane sur cette affaire. La justice n'a encore recueilli aucun indice. »

Le numéro suivant renfermait ces nouveaux détails :

« Le crime de la rue Morgue. — Plusieurs individus ont été interrogés déjà sur cet épouvantable événement ; mais leurs dépositions ne jettent aucun jour sur l'affaire, ainsi qu'on peut en juger par le procès verbal ci-dessous ;

» Pauline Dubourg, blanchisseuse, dépose qu'elle a blanchi pour les victimes, depuis trois ans. La mère et la fille semblaient vivre en parfaite intelligence. Elles payaient bien. Quant à leur profession, elle croit que madame l'Espanage disait la bonne aventure. Elle passait pour mettre de l'argent de côté. Elle n'a jamais vu personne chez ces dames qui vivaient très retirées et n'avaient pas de domestique.

» Pierre Moreau, débitant de tabac, dépose qu'il fournissait madame l'Espanage et lui vendait son tabac en poudre, par petites quantités. Il est né dans le quartier et affirme que ces dames habitaient la maison depuis plus de six ans ; la maison, occupée autrefois par un bijoutier, qui la sous-louait en partie, était la propriété de madame l'Espanage. Elle s'était décidée à venir l'habiter par mécontentement de son locataire qui dégradait l'immeuble, et n'avait plus voulu depuis louer un seul étage. La bonne dame était un peu dans l'enfance. Il a entendu dire qu'elle contait la bonne aventure, mais il n'y croit pas.

« Il n'a jamais vu personne franchir le seuil de la maison, excepté un commissionnaire et un médecin.

» Les dépositions des autres voisins sont analogues. L'isolement de ces dames est bien constaté ; on ignore s'il leur restait de la famille. Les fenêtres de face s'ouvraient rarement, celles de derrière jamais, hormis les fenêtres de la grande arrière-pièce du quatrième étage.

» Le gendarme Isidose Muset dépose qu'on est venu le requérir, à trois heures du matin, et qu'il a trouvé à la grande porte vingt ou trente personnes qui s'efforçaient d'entrer. Il a forcé la porte avec sa baïonnette et non pas avec une pince, sans grand mal, car la porte était à deux battants et n'avait pas été verrouillée. Les cris qu'on avait entendus d'abord ont cessé très rapidement ; c'était des cris de douleur très longs et très prolongés. Il a grimpé l'escalier et, arrivé au premier étage, il a entendu deux voix qui se disputaient très vivement ; l'une de ces voix était rude, l'autre, beaucoup plus aiguë, avait des intonations singulières. La première de ces voix appartenait à un Français, à en juger par les mots *sacré* et *diable* qu'il a distingués. L'autre voix était celle d'un étranger. Le témoin ne pourrait affirmer si c'était une voix d'homme ou de femme, le dialecte lui a paru de l'espagnol.

» Henri Duval, orfèvre, dépose comme le gendarme Muset. Cependant, d'après son appréciation, la voix aiguë était celle d'un Italien ; ce n'était certainement pas une voix française. Il ne peut dire si elle appartenait à une femme. Le témoin, qui ignore l'italien, n'a pu se rendre compte des paroles ; c'est d'après l'intonation seulement qu'il émet son jugement. Le témoin a causé fréquemment avec les victimes ; il est en mesure d'affirmer que la voix aiguë n'appartenait pas à l'une ou l'autre des dames l'Espanage.

» O. Jenheimer, restaurateur. Ce témoin, qui ne parle pas français, a été interrogé par un interprète. Il est d'Amsterdam. Il passait dans la rue au moment des cris ; ces cris très prolongés et très douloureux ont duré dix minutes environ. Il a pénétré dans la maison. Il confirme les précédents témoignages, à une exception près ; il affirme que la voix aiguë était celle d'un homme et d'un Français. Il n'a pu distinguer aucun mot, tant on parlait vite. La voix était plutôt âpre qu'aiguë ; l'autre voix, la grosse, a dit plusieurs fois : *sacré, diable* — et une fois : *Mon Dieu !*

» Jules Mignaud, banquier, de la maison Mignaud et fils, rue de Lorraine, dépose que madame l'Espanage avait une certaine fortune, et qu'il lui avait ouvert un compte chez lui, depuis huit ans. Trois jours avant sa mort, elle est venue lui demander une somme de quatre mille francs qui lui a été comptée en or et portée à son domicile par un commis.

» Adolphe Lebon, commis chez Mignaud et fils, raconte que le jour susdit, vers midi, il a accompagné madame l'Espanage chez elle, avec deux sacs contenant les quatre mille francs.

» Dès que la porte fut ouverte, mademoiselle l'Espanage le déchargea d'un des sacs, tandis que sa mère prenait l'autre. En se retirant, il n'a vu personne dans la rue, mais il a été frappé de son aspect louche et désolé.

» William, tailleur, de nationalité anglaise, installé à Paris depuis deux ans. Il a pénétré un des premiers dans la maison ; il a entendu les deux voix ; la grosse voix était celle d'un Français. Il a distingué les mots *Sacré* et *Mon Dieu !* Il est sûr que la voix aiguë n'était pas une voix d'Anglais — une voix d'Allemand peut-être — peut-être aussi la voix d'une femme. Le témoin ne sait pas l'allemand.

» Quatre des témoins énumérés ci-dessus ont été assignés de nouveau. Ils ont affirmé que la porte de la chambre où fut retrouvé le cadavre de la demoiselle était fermée en dedans, que tout était parfaitement silencieux, et qu'ils ne virent personne après avoir forcé la porte. Les fenêtres dans la chambre de derrière, comme dans celle de face, étaient solidement fermées en dedans ; la porte qui va de la chambre de devant au corridor était également fermée en dedans.

» Une petite chambre, située sur le devant, encombrée de vieux bois de lit et de meubles, était restée ouverte. Tous les objets qu'elle contenait ont été examinés. Pas un pouce de la maison n'a échappé aux perquisitions. On a fait monter des ramoneurs dans les cheminées. Des mansardes succèdent aux quatre étages ; il y a sur le toit une trappe solidement fermée, avec des clous et qui semble condamnée depuis des années. Les témoins ne peuvent évaluer le temps écoulé entre le moment où l'on a forcé la porte et celui où les voix se disputaient. Les uns comptent deux ou trois minutes; les autres parlent de cinq minutes.

» Alphonse Garcia, préposé aux pompes funèbres, dépose qu'il habite la rue Morgue. Il est espagnol. Très nerveux, il n'a pas voulu monter l'escalier, redoutant les émotions. Il a entendu la dispute des deux voix. Il n'a pu distinguer ce que disait la grosse voix ; l'autre, la voix aiguë, était celle d'un Anglais à coup sûr. Ignorant l'anglais, il se base sur l'intonation.

» Alberto Montani, pâtissier, a également entendu les voix. Pour lui la voix rauque était celle d'un Français; il a distingué quelques paroles qui lui ont fait l'effet d'être des remontrances. Quant à la voix aiguë, il l'a prise pour la voix d'un Russe. Il avoue qu'étant Italien, il n'a jamais causé avec un Russe.

» D'autres témoins rappelés, affirment que les

cheminées des chambres sont trop étroites pour livrer passage à un corps humain. En parlant de ramonage, ils entendaient les brosses cylindriques dont on se sert en les faisant passer de haut en bas, dans les tuyaux. — Aucun passage n'a pu favoriser la fuite des assassins, tandis qu'ils montaient l'escalier. Le cadavre de mademoiselle l'Espanage avait été emboîté si violemment dans la cheminée qu'il a fallu l'aide de cinq ou six témoins pour l'en retirer.

» Paul Dumas, docteur en médecine, a été mandé pour examiner les cadavres. Il les a trouvés sur un lit de sangle, dans la chambre où avait été assassinée mademoiselle l'Espanage. Le corps de cette demoiselle était absolument meurtri et déchiré, ce qui s'explique par la pression de la cheminée. Elle avait, au-dessous de la gorge, des taches noirâtres résultant à coup sûr d'un étranglement. Les yeux lui sortaient de la tête, le visage était horriblement pâle. Une blessure à l'estomac semblait indiquer la pression d'un genou; suivant son avis, elle avait dû être étranglée par un ou plusieurs individus.

» Quant au corps de la mère, il ne formait qu'une plaie. Les os de la jambe et du bras gauche étaient brisés ; un tibia et les côtes s'en allaient en miettes. Seules, une massue ou une pince de fer auraient pu porter de pareils coups, maniées par un hercule. Une femme, à plus forte raison, n'aurait pu commettre le crime. La tête était complètement séparée du tronc, et broyée comme les autres membres. La gorge avait dû être coupée au moyen d'un rasoir.

» Un chirurgien, Alexandre Etienne, confirme le témoignage de M. Dumas. Malgré l'interrogatoire de plusieurs autres personnes, la justice n'a pu obtenir le moindre renseignement sérieux. Jamais aussi étrange assassinat ne s'est commis dans Paris.

» La police, tout à fait déroutée, cherche vainement le fil de cette affaire. »

Le journal du soir constatait une grande effervescence dans le quartier Saint-Roch ; on avait examiné de nouveau les lieux et appelé d'autres témoins, sans aucun résultat. On annonçait, en dernières lignes, l'arrestation d'Adolphe Lebon, le commis banquier.

Dupin suivait la marche de cette affaire et paraissait y prendre un grand intérêt. Mais il ne m'en parla qu'après que le journal eût annoncé l'arrestation de Lebon, et me demanda mon avis sur ce meurtre.

Je lui répondis, qu'ainsi que tout Paris, je le considérais comme une insoluble énigme. Comment trouver la trace du meurtrier ?

— D'après cette instruction plus que sommaire, nous ne pouvons pas chercher de moyens possibles. La police parisienne dont on vante la pénétration procède absolument sans méthode. Avec ses mille précautions elle me rappelle M. Jourdain qui demandait sa robe de chambre pour mieux entendre la musique. Les résultats qu'elle obtient, si surprenants qu'ils soient, sont généralement dus à la diligence dont elle fait preuve. Supprimez cette diligence, la police échouerait. Certainement, Vidocq devina bien des choses ; mais il n'avait aucune instruction et ne procédait que par la patience. S'il percevait un point ou deux avec une netteté remarquable, l'ensemble de l'affaire lui échappait. Peut-être était-il trop profond? Il ne faut pas toujours aller chercher la vérité dans un puits ; dans le crime qui nous intéresse, la vérité, pour moi, est à la surface. Inutile de sonder les profondeurs de la vallée ; montons au contraire sur le sommet de la montagne pour la découvrir.

» La contemplation des corps célestes nous donne un exemple de ce genre d'erreur. Regardez obliquement une étoile en tournant vers elle la partie latérale de la rétine, plus sensible à une faible lueur que la partie centrale, et vous verrez distinctement l'étoile. Si vous dirigez votre vue en plein sur elle, l'étoile s'obscurcira. C'est que, dans le dernier cas, il tombe sur l'œil un plus grand nombre de rayons, et que dans le premier, il y a une réceptibilité plus complète, une sensibilité plus vive. Trop de profondeur affaiblit la pensée, la rend perplexe. Vous feriez disparaître Vénus elle-même du firmament par une attention trop concentrée.

» Faisons donc un examen, nous-mêmes, avant

de rien conclure sur cet assassinat. Une enquête est toujours intéressante ; nous irons sur les lieux et les examinerons de nos propres yeux. Le Préfet de police que je connais nous donnera l'autorisation nécessaire. »

L'autorisation fut en effet accordée. Nous nous rendîmes à la rue Morgue, misérable sentine qui relie la rue Richelieu à la rue Saint-Roch. Il était déjà tard, quand nous y arrivâmes, car ce quartier est situé à une grande distance du faubourg Saint-Germain. Les badauds qui contemplaient la maison à cause de ses volets fermés, nous la firent bien vite reconnaître. C'était une maison très vulgaire, avec porte cochère, et, sur l'un de ses côtés, une niche à carreaux mobiles, ou loge de concierge. Nous examinâmes les derrières de la maison avant d'entrer : Dupin apportait à cet examen une attention minutieuse que je ne pouvais m'expliquer. Puis, nous montrâmes notre pouvoir aux agents qui nous laissèrent entrer, et montâmes à la chambre où on avait trouvé le corps de mademoiselle l'Espanage, et où reposaient encore les deux cadavres.

— La chambre était dans le même désordre qu'au moment du crime, et telle que l'avait décrite la Gazette des Tribunaux. Dupin analysa toutes choses, mêmes les corps des victimes, — puis, il me fit descendre dans la cour qu'il examina également. Il était nuit quand nous quittâmes la rue Morgue. Après s'être arrêté quelques instants dans les bureaux d'un journal quotidien, mon ami me demanda, à brule-pourpoint, si je n'avais rien remarqué de particulier sur le théâtre du crime.

Sa façon de prononcer le mot *particulier* me donna le frisson.

— Je n'ai rien remarqué de particulier, lui dis-je, rien autre que ce que nous avons lu dans la *Gazette*.

— La *Gazette*, répondit-il, ne se doute pas de l'invraisemblable horreur de cette affaire. Si le mystère est considéré comme insoluble, c'est à cause du caractère excessif sous lequel il apparaît. La police est confondue, non par le meurtre lui-même, mais par l'atrocité du meurtre. Elle ne peut aussi concilier la querelle de deux voix avec ce fait positif qu'il n'y avait, au haut de l'escalier, d'autres personnes que mademoiselle.1E'espanage assassinée, — et que les assassins n'auraient pu descendre sans être vus des personnes qui montaient. Le désordre de la chambre, le corps dans la cheminée, les affreuses mutilations de la vieille dame, tout enfin a contribué à paralyser l'action de la justice et celle des agents, malgré leur expérience si vantée. Ils ont confondu l'extraordinaire avec l'impossible... — C'est pourtant en suivant la déviation du cours ordinaire des choses, que la raison trouve son chemin et marche à la lumière. Qu'importe, dans une affaire comme celle-ci, la façon dont les choses se sont passées, pourvu que je distingue en quoi elles diffèrent de celles qui se sont passées jusqu'alors. En un mot, la facilité avec laquelle j'aurai, si je ne l'ai pas déjà, la solution de ce mystère, provient de son insolubilité apparente aux yeux de la police.

Je regardai Dupin avec stupéfaction.

— J'attends maintenant, poursuivit-il, j'attends un homme qui, bien qu'il ne soit probablement pas l'auteur du crime, doit certainement y être impliqué en partie. Je le crois innocent de cette boucherie, et, c'est sur cette hypothèse que je me base pour déchiffrer entièrement l'énigme. J'attends cet homme, ici, d'un instant à l'autre. Il peut venir, comme il ne peut ne pas venir. — Mais, s'il vient, il me faudra le garder. Voici des pistolets, dans le cas où nous en aurions besoin.

Je pris les pistolets, sans savoir au juste ce que je faisais. Dupin continuait son monologue, avec les allures distraites dont j'ai déjà parlé ; son regard fouillait le mur. Les voix qui se querellaient, disait-il, n'étaient pas, comme l'enquête l'a prouvé, les voix des deux victimes. Donc, la vieille dame n'aurait pas tué sa fille pour se suicider ensuite...

Du reste, madame l'Espanage n'était pas assez forte pour introduire le corps de sa fille dans la cheminée, tel qu'on l'y a trouvé, la tête en bas. De plus, les nombreuses blessures découvertes sur elles enlèvent le soupçon d'un suicide.

Le meurtre a donc été commis par des tiers, et ce sont ces tiers qu'on a entendu se quereller...

Maintenant, laissez-moi vous parler des dispositions relatives à ces deux voix entendues. Y avez-vous remarqué quelque chose de *particulier*?

— Oui, en ce sens que, si tous les témoins s'accordaient pour reconnaître la grosse voix comme appartenant à un Français, ils ne s'entendaient plus du tout relativement à la voix aigre et à la voix âpre.

— Voilà qui constitue « l'évidence », dit Dupin; — maintenant, n'avez-vous pas observé? L'accord sur la grosse voix est unanime. — Très bien! mais, il y a cette particularité, relative à la voix aiguë, que, lorsqu'un Italien, un Anglais, un Espagnol, un Hollandais essaient de le décrire, chacun d'eux en parle comme d'une voix étrangère — Chacun affirme que ce n'est pas la voix d'un de ses compatriotes. Ce n'est pas à la voix d'un individu dont la langue lui serait familière que chacun le compare, mais, précisément au contraire. Pour le Français, c'est une voix d'Espagnol, mais, il avoue qu'il ignore l'espagnol. Pour le Hollandais, c'est la voix du Français — mais, il ne sait pas le premier mot de notre langue. Pour l'Anglais, c'est la voix d'un Allemand, mais il n'entend pas l'allemand. L'Espagnol conclut à la voix d'un Anglais, mais il conclut par intuition. Quant à l'Italien, il croit à la voix d'un Russe ; mais, il n'a jamais causé avec un Russe. Cette voix était donc « bien étrange » pour qu'on ne pût obtenir que de pareils témoignages à son égard.

Les citoyens des cinq grandes parties du monde n'ont pu reconnaître en elle, rien qui leur fût familier. Vous m'objecterez que c'était peut-être la voix d'un Asiatique ou d'un Africain. Mais, outre que les Africains et les Asiatiques n'abondent généralement pas à Paris, je vous ferai observer qu'aucun des témoins n'a pu distinguer une parole, même un son ressemblant à une parole, dans cette voix qu'ils ont dépeinte: plutôt *âpre, qu'aiguë, brève et saccadée.*

On peut donc tirer des déductions légitimes de ces dépositions, des déductions suffisantes pour indiquer une voie nouvelle dans toute investigation ultérieure du crime. Je dis déductions légitimes parce que un soupçon, le seul possible, surgit inévitablement. De quelle nature est ce soupçon? Je ne vous le dirai pas tout d'abord. Je veux simplement vous démontrer qu'il suffisait à l'enquête d'un genre nouveau que je désirai faire dans la chambre.

» Transportons-nous par la pensée dans cette pièce. Notre premier soin sera de chercher les moyens d'évasion employés par les assassins. Madame l'Espanage et sa fille n'ont pas été assommées par des esprits. — Les meurtriers étaient donc des êtres matériels qui ont fui très naturellement.

» Par où, comment ont-ils fui? Ils étaient dans la chambre où l'on a découvert madame l'Espanage ou du moins dans la chambre voisine, quand les voisins ont gravi l'escalier. Il nous faut donc chercher des issues, dans ces deux pièces, seulement. La police qui a levé les parquets, sondé les plafonds et les murs n'a rien découvert. Je me suis assuré moi-même qu'il n'y avait pas d'issue secrète ; les deux portes conduisant au corridor étaient fermées, les clefs en dedans. Quant aux cheminées, un gros chat n'y passerait pas.

» Toute fuite étant impossible de ce côté-là, nous passons aux fenêtres. Le meurtrier ne pouvait s'échapper par celles du devant sans être vu de la foule ; il a donc dû prendre celles de derrière.

» Il y a deux fenêtres dans la chambre de derrière, l'une est obstruée par l'ameublement et demeure visible, l'autre est cachée à sa partie inférieure par le chevet d'un lit poussé contre elle. On a su par les témoins que la première était solidement fermée en dedans ; elle a résisté à tous les efforts. On avait percé dans le châssis de gauche un grand trou pour y ficher un clou énorme ; l'autre fenêtre avait un clou semblable, et il fut également impossible de l'ouvrir. Aucune fuite n'avait pu s'effectuer par là. Mais ces impossibilités ne m'arrêtèrent pas, et je continuais à raisonner ainsi :

» Les meurtriers s'étaient sauvés par l'une de ces fenêtres. Ceci posé, il leur avait été impossible de réassujettir les châssis en dedans, ainsi qu'on les a trouvés. Cependant les châssis étaient bien fermés.

» J'allai à la fenêtre non bouchée j'en retirai le clou avec quelque peine, puis, j'essayai de lever le châssis qui résista à tous mes efforts. Il y avait donc un ressort caché. J'en étais sûr maintenant. Je découvris bientôt le ressort secret, je le poussai, et, satisfait de ma trouvaille, je m'abstins même de lever le châssis.

» Je remis alors le clou à sa place et l'examinai soigneusement. Quelqu'un, passant par la fenêtre, pouvait l'avoir refermée. — Le ressort aurait fonctionné mais le clou n'aurait pas été replacé. Cette conclusion, si nette, rétrécissait encore le champ de mes observations ; les assassins avaient dû fuir par l'autre fenêtre. En supposant les ressorts des deux croisées semblables, il fallait trouver une différence dans les clous, ou du moins dans la façon dont ils avaient été plantés.

» Je passai alors à l'autre fenêtre ; je fis jouer le ressort, il était identique au premier ; j'examinai le clou, il était aussi gros que l'autre, enfoncé de la même manière. Là se trouvait l'embarras — mais la nature de mes inductions ne me permettait pas d'embarras. Je n'avais pas commis une faute, je n'avais pas rompu un seul anneau de la chaîne ; j'avais étudié le mystère jusque dans sa dernière phase qui était le clou. Certainement il ressemblait à son voisin de l'autre fenêtre, mais ce n'était pas un motif suffisant pour briser là mon fil conducteur. Le clou devait avoir quelque chose de défectueux. Je le frôlai, et la tête avec un bout de la tige me resta dans la main. Le reste de la tige était dans le trou où elle s'était brisée. Cette fracture paraissait ancienne, car les bords étaient rouillés ; elle avait été causée par un coup de marteau qui avait servi à enfoncer le clou dans le fond du châssis.

» Je rajustai délicatement la tête avec la tige,

ce qui forma un clou intact ; la fissure était invisible, je poussai le ressort, et levai la croisée de quelques centimètres. La tête du clou vint à elle, sans bouger de son trou. Je fermai la croisée, le clou reprit de nouveau son allure de clou complet.

» L'énigme s'éclaircissait donc ; l'assassin avait fui par la fenêtre du lit. Etait-elle retombée d'elle-même après la fuite, une main humaine l'avait-elle fermée ? — peu importait — elle était retenue par le ressort ! La police avait cru à la résistance du clou et avait arrêté là son enquête.

« Il me restait à établir maintenant le mode de descente. J'avais remarqué, dans ma promenade autour du bâtiment, une chaîne de paratonnerre qui courait à cinq pieds et demi environ de la fenêtre en question. Il eut été impossible à n'importe qui d'atteindre la fenêtre par cette chaîne. Mais j'avais remarqué aussi que les volets du quatrième étage étaient d'un genre particulier que les menuisiers parisiens appellent « ferrades ». Ce sont des volets peu à la mode aujourd'hui, mais qu'on trouve encore dans les antiques maisons de Lyon et de Bordeaux ; ils sont faits comme une simple porte d'un seul battant, avec cette différence que la partie inférieure est treillissée, ce qui permet aux mains de s'y accrocher.

« Dans le cas en question, ces volets sont larges de trois bons pieds et demi. Quand nous les avons examinés, ils étaient ouverts tous deux à moitié, et formaient angle droit avec le mur. La police qui les a examinés, comme nous, n'a sans doute pas pris garde à cette largeur, ou n'y a pas attaché d'importance. Pour les agents, la fuite n'était pas possible de ce côté.

Mais je voyais clairement, moi, que le volet, si on le supposait rabattu contre la muraille, ne serait plus qu'à deux pieds de la chaîne du paratonnerre. Avec ce volet et cette chaîne on pouvait donc avoir risqué une invasion par la fenêtre. Le voleur, trouvant une prise solide dans le treillage, aurait pu, en lâchant la chaîne, s'élancer d'un bond dans la chambre et refermer le volet sur lui. Il fallait évidemment pour accomplir ce tour de force, une énergie peu commune, une agilité extraordinaire, presque *surnaturelle*, sur laquelle je veux attirer toute votre attention. Je tiens surtout, à rapprocher devant vous cette agilité surnaturelle de cette voix si particulière, si aiguë ou si âpre, dont personne n'a pu constater la nationalité, où personne n'a pu saisir la moindre syllabe humaine articulée... »

A ces paroles il me semble vaguement concevoir la pensée de Dupin ; mais, très vaguement, comme il arrive aux vieillards qui, penchés sur leurs souvenirs, ne parviennent plus à se rappeler.

Il continue son argumentation :

— Vous voyez, dit-il, que la question de sortie résolue, j'ai abordé la question d'entrée. Je voulais prouver que l'entrée et la sortie se sont effectuées de la même manière, sur le même point. Retournons, si vous le voulez, dans les chambres. Examinons d'abord les tiroirs de cette commode, mis au pillage, prétend l'enquête, mais où on a trouvé pourtant, divers objets de toilette. Qui prouve que ces divers objets ne représentent pas tout le contenu des tiroirs ? Madame l'Espanage et sa fille, vivant en recluses, ne devaient pas avoir une garde-robe bien fournie, et les objets restés dans les tiroirs valaient certainement ceux qu'on aurait pu enlever.

« Enfin, pourquoi le voleur n'aurait-il pas tout pris ? Pourquoi aurait-il abandonné quatre mille francs en or, pour s'embarrasser d'un paquet de linge ? Or, la presque totalité de la somme désignée par le banquier Millaud a été retrouvée sur le parquet, dans les sacs de la banque. Il faut donc écarter toute idée d'intérêt dans cet assassinat. Que signifient ces coïncidences de l'argent livré trois jours avant le meurtre commis ? Absolument rien. Les coïncidences sont des pierres d'achoppement, sur la route des imbéciles, qui n'ont pas étudié le premier mot de la théorie des probabilités, théorie superbe à laquelle l'humanité doit ses plus glorieuses découvertes. Si nous supposons, dans les circonstances actuelles, que l'or a été le mobile du crime, il nous faut supposer également un criminel assez idiot pour oublier et son or, et le mobile qui l'a poussé.

« Remémorez-vous donc bien les points sur lesquels j'ai appelé votre attention, c'est-à-dire *la voix particulière, l'agilité surnaturelle, l'absence complète d'aucun intérêt dans le meurtre.*

« Passons maintenant aux cadavres ; nous sommes en présence d'une femme, étranglée à la force du poignet, et poussée dans une cheminée, la tête en bas. Quel assassin emploierait un procédé pareil? N'y a-t-il pas quelque chose de bizarre, d'excessif dans ce seul fait de fourrer un corps dans une cheminée? Le plus perverti des hommes inventerait-il semblable monstruosité? Supputez aussi quelle force on a dû employer, pour pousser un corps dans une ouverture aussi étroite, avec une telle violence qu'il a fallu plusieurs hommes pour l'en retirer.

« Cette vigueur étonnante a laissé d'autres indices. On a trouvé dans le foyer d'épaisses mèches de cheveux gris, arrachés avec leurs racines. Vous n'ignorez pas quelle force il faut pour arracher de la tête vingt ou trente cheveux à la fois. Or, aux racines des mèches, que vous avez vues comme moi, adhéraient des fragments de cuir chevelu. Quelle prodigieuse puissance a-t-il fallu pour déraciner dix ou vingt mille cheveux d'un seul coup !

« La tête de la vieille dame avait été complètement séparée du corps, au moyen d'un simple rasoir. Remarquez cette férocité bestiale. Quant aux meurtrissures du corps de madame l'Espanage, M. Dumas et son honorable M. Etienne ont affirmé qu'elles avaient été produites par un instrument contondant. Ils avaient raison en cela ; l'instrument contondant a été le pavé de la cour sur laquelle la vieille dame est tombée de la fenêtre du lit. Mais cette idée, si simple qu'elle fût, échappe à la police, comme tout le reste...

« Nous sommes allés assez avant pour combiner maintenant les idées d'une *agilité surnaturelle*, d'une *férocité bestiale*, d'un *carnage sans motif*, d'une *grotesquerie* dans l'horrible, absolument inhumaine, et d'une *voix dont le timbre est inconnu* à l'oreille des hommes de plusieurs nations. Que ressort-il pour vous de tout cela ? Veuillez me dire votre impression ? »

A cette question, un frisson me courut la chair.

— Un fou, dis-je, un fou furieux, échappé à Charenton, aura commis ce meurtre!

— Votre idée n'est pas trop mauvaise, répliqua-t-il. Mais la voix d'un fou, même dans ses plus sauvages accents, n'a jamais ressemblé à cette voix singulière, entendue dans l'escalier. Et puis, les fous font partie d'une nation quelconque, et leur langage, si incohérent qu'il soit, est toujours syllabifié. Et puis, et puis, les cheveux d'un fou ne ressemblent guère à ceux que je possède et que j'ai trouvé dans les mains crispées de madame l'Espanage, qu'en pensez-vous?

— Dupin, fis-je, en examinant la petite touffe de cheveux qu'il me tendait ; voici des cheveux bien extraordinaires! Ils n'ont rien d'*humain!*

— Je n'ai pas affirmé qu'ils fussent humains, dit-il. Jetez maintenant, avant de rien conclure, un coup d'œil sur ce petit dessin que je viens de faire. Il représente les meurtrissures et la race profonde d'ongles trouvées sur la gorge de mademoiselle l'Espanage, et que MM. Dumas et Étienne qualifient de tâches livides, produites par la pression des doigts. Vous voyez que mon dessin donne l'idée d'une poigne robuste et solide. Chaque doigt s'est moulé dans l'empreinte. Essayez maintenant de mettre tous vos doigts en même temps sur les marques analogues du dessin.

Ce fut en vain que j'essayai.

— Peut-être, fit Dupin, l'expérience n'est-elle pas concluante, car la gorge humaine est cylindrique, tandis que mon dessin est déployé sur la table qui est une surface plane. Je vais étaler le dessin autour de ce rouleau de bois qui représente à peu près la rondeur du cou, et vous recommencerez.

Je recommençai, mais sans plus de succès.

— Ces traces, fis-je, ne sont pas celles d'une main humaine!

— Très bien! lisez maintenant ce chapitre de Cuvier.

C'était la description anatomique du grand

Orang-Outang des îles de l'Inde orientale : « Ce mammifère passe pour être d'une structure gigantesque, d'une agilité prodigieuse, d'une épouvantable férocité ; il est doué du don d'imitation de façon surprenante...

Je compris subitement ce monstre sauvage.

— Votre dessin, m'écriai-je, s'accorde parfaitement avec la description des doigts. Je ne vois qu'un orang-outang pour laisser des marques aussi profondes que celles que vous avez reproduites. Votre touffe de poils fauves appartient bien à l'animal décrit par Cuvier. Mais, je ne m'explique pas encore facilement dans tous ces détails, cet horrible mystère.

Il y avait deux voix qui se disputaient et l'une d'elles était certainement la voix d'un Français.

— C'est vrai ! vous vous rappelez qu'on attribue à cette voix l'exclamation « *Mon Dieu !* »

« Ces mots, d'après le témoignage d'un des témoins, ont été prononcés sur ton d'un reproche, d'une remontrance. Voici où m'ont amené ces deux mots: Un Français a été témoin de ce meurtre, sans qu'il ait pu s'y opposer. L'orang-outang a dû lui échapper. L'homme aura suivi la trace de la bête jusqu'à la chambre, mais il n'aura pu l'arrêter dans son terrible carnage. L'animal se sera enfui et doit être encore en liberté. Ces idées ne sont que des conjectures ; provisoirement, nous ne les prendrons que pour telles.

« Si ce Français est, comme je le crois, complètement innocent du meurtre en question, cette note que j'ai écrite hier soir dans les bureaux du journal « *le Monde* » (journal consacré aux intérêts maritimes, et très lu par les marins) l'amènera chez nous. »

Il me tendit la note suivante :

AVIS

« Le matin même de l'assassinat de la rue de la Morgue, on a trouvé, dans le bois de

Boulogne, un splendide orang-outang fauve, de l'espèce de Bornéo. Le propriétaire, qu'on sait être un marin attaché à l'équipage d'un vaisseau maltais, peut rentrer en possession de l'animal après avoir donné son signalement exact et remboursé quelque argent à la personne qui l'a trouvé et nourri. S'adresser rue ..., n° ..., faubourg Saint-Germain, au 3e. »

Je demandai à Dupin comment il avait pu savoir que l'homme était un marin, faisant partie d'un équipage maltais.

— Je n'en suis pas certain, fit-il. Voici pourtant un bout de ruban qui, par sa forme et son aspect graisseux, a dû servir à nouer une longue queue de cheveux dont les marins se montrent si fiers ; le nœud est d'une forme particulière, comme savent faire les marins, notamment les Maltais. J'ai trouvé ce ruban au bas de la chaîne du paratonnerre.

« Maintenant le Français, qui a vu le monstre, bien qu'il soit innocent, va raisonner ainsi :

— » Je suis innocent. Je suis pauvre. Mon orang-outang, qui est d'une grande valeur, représente toute ma fortune. Pourquoi le perdrais-je, par une sotte peur ? On l'a trouvé dans le bois de Boulogne, c'est-à-dire à une grande distance de la rue Morgue. Qui donc soupçonnerait que la bête a fait le coup ? — Et, quand bien même on accuserait l'animal, il est impossible de prouver que j'ai été son complice. Enfin, d'après l'annonce, je suis connu, et si je négligeais de reprendre mon bien, je risquerais d'attirer sur moi une dangereuse attention. J'irai donc chercher mon orang-outang, et l'attacherai solidement chez moi, jusqu'à l'apaisement de cette affaire. »

En ce moment, nous entendîmes monter l'escalier.

— Préparons-nous, dit Dupin. Prenez vos pistolets ; mais ne les montrez pas avant un signe de moi.

On eut dit que notre visiteur hésitait, car, après qu'il eut monté plusieurs marches, nous l'entendîmes redescendre. Enfin, il remonta plus délibérément et frappa à la porte de notre chambre.

— Entrez ! cria Dupin d'une voix cordiale.

Nous vîmes alors un homme robuste et musculeux, à la figure énergique et franche. Evidemment c'était un marin ; ses traits fortement hâlés, ses yeux pleins d'audace le disaient assez. Il portait un gros bâton de chêne et ne semblait pas être autrement armé. Il nous souhaita gauchement le bonsoir, avec un accent français où perçait une nuance faubourienne.

— Prenez un siège, mon ami, fit Dupin. Vous devez venir pour votre orang-outang. Savez-vous qu'il est d'une beauté remarquable et d'un grand prix. Quel âge peut-il avoir ?

Le matelot soupira bruyamment, comme s'il était déchargé d'un grand poids et répondit d'une voix assurée :

— Il doit avoir de quatre à cinq ans. Est-ce que vous l'avez ici ?

— Nous n'avions pas ici de local convenable. Nous l'avons enfermé dans l'écurie d'un manège des environs. Vous pouvez l'emmener demain, si vous prouvez vos titres de propriété.

— Oh ! ce ne sera pas difficile ! fit le matelot,

et même je vous paierai un bon prix pour votre dérangement!

— Je ne veux qu'une seule récompense, répliqua Dupin. Vous me racontez tout ce que vous savez du double assassinat de la rue Morgue!

En prononçant ces mots, d'une voix tranquille, Dupin se dirigea vers la porte qu'il ferma à clé, tira un pistolet de sa poche, et le posa sur la table. Pourpre de rage, le matelot se leva et saisit son bâton, — puis, il retomba sur son siège, sans pouvoir articuler une syllabe. J'en avais pitié.

— Mon ami, fit Dupin avec douceur, nous ne voulons vous faire aucun mal, et n'avons aucun dessein méchant contre vous. Je sais que vous êtes innocent ; mais je sais aussi que vous avez été le spectateur du meurtre. Vous auriez pu voler, vous ne l'avez pas fait, vous n'avez donc rien à cacher ; mais l'honneur vous oblige à confesser ce que vous avez vu, — pour sauver un innocent, accusé du crime dont vous connaissez l'auteur.

A ces paroles, le marin recouvra sa présence d'esprit et sa hardiesse habituelle. Voici, en peu de mots, ce qu'il nous raconta :

« C'est dans un récent voyage à Bornéo que lui et un de ses camarades avaient pris l'orang-outang. Ce camarade mourut et l'animal devint son unique propriété. Il l'amena à Paris, et après bien des embarras, causés par son indomptable férocité, il parvint à le loger dans sa maison ; son intention était de le vendre.

« Le matin du meurtre, comme il revenait d'une petite orgie de matelots, il trouva l'animal dans sa chambre à coucher ; il s'était esquivé du cabinet voisin où il le croyait solidement attaché : Assis devant un miroir, tout barbouillé de savon, un rasoir à la main, il essayait de se faire la barbe, comme il l'avait sans doute vu faire à son maître. Il ne sut d'abord quel parti prendre, terrifié de voir une arme aussi dangereuse dans les mains d'une bête féroce — puis, il saisit son fouet — mais à cette vue, l'orang-outang bondit vers la porte entr'ouverte, se jeta dans l'escalier, gagnant la rue.

« Le marin, désespéré, poursuivit le singe qui, son rasoir à la main, s'arrêtait de temps en temps pour lui faire la grimace. Cette course dura longtemps, à travers les rues silencieuses. Il était trois heures du matin. En passant derrière la rue Morgue, le fugitif aperçut une lumière qui partait du quatrième étage, à la fenêtre ouverte de madame l'Espanage. Il courut au mur, trouva la chaîne du paratonnerre, y grimpa avec une adresse incroyable, empoigna le volet rabattu contre le mur, et s'élança sur le chevet du lit. Tout cela dura quelques secondes.

« Le marin était à la fois joyeux et inquiet. Joyeux de savoir l'animal dans un lieu sûr, d'où il ne pourrait lui échapper, inquiet de ce qu'il allait faire dans cette maison. Il grimpa donc, lui aussi, à la chaîne du paratonnerre ; mais il ne put atteindre la fenêtre et dut se contenter de jeter un coup d'œil dans la chambre. Ce qu'il vit l'épouvanta :

« L'animal avait empoigné madame l'Espanage par ses cheveux qui étaient épars, et il agitait le rasoir autour de sa tête, en imitant les gestes d'un barbier. La fille s'était évanouie ; les cris de la vieille dame, tandis que l'orang-outang lui arrachait les cheveux de la tête, tournèrent en fureur les dispositions, probablement pacifiques, de l'orang-outang. D'un coup violent de rasoir, il sépara presque la tête du corps. La vue du sang redoubla sa rage, il saisit la jeune fille et lui enfonça dans la gorge ses terribles griffes. Alors, ses yeux égarés tombèrent sur la fenêtre du lit où il aperçut le visage épouvanté de son maître.

« Soudain, sa furie se changea en frayeur, au souvenir du terrible fouet. Sachant bien qu'il méritait un châtiment, l'orang-outang voulut faire disparaître toute trace de son crime ; c'est pourquoi, il bouscula la chambre, brisa les meubles, défit le lit et finalement poussa dans la cheminée le corps de la jeune fille, dans la posture où elle fut retrouvée ; puis, il précipita la vieille dame par la fenêtre.

« A ce moment, le matelot s'était laissé glisser le long de la chaîne, ne pouvant supporter plus longtemps cet horrible spectacle, et abandonnant l'animal. Les exclamations d'horreur qu'il poussa, jointes aux glapissements de l'orang-outang, avaient été entendus par les témoins sur le palier de l'escalier... »

Il ne me reste presque plus rien à ajouter.

L'orang-outang fût rattrapé, plus tard, par le marin lui-même, qui le vendit fort cher au Jardin des Plantes.

Lebon fut immédiatement remis en liberté, après le récit de Dupin dans le cabinet du préfet de police.

Bien qu'il fut l'ami de Dupin, ce magistrat ne put s'empêcher de le railler sur sa manie de se mêler des fonctions des autres.

— Laissez-le parler, murmura Dupin. Il soulage sa conscience. Ne lui en voulons pas de n'avoir pas su débrouiller l'affaire ; il est un peu trop fin pour être profond ; sa science ne repose sur rien. Comme les portraits de la déesse Laverna, elle est toute en tête et n'a pas de corps, ou plutôt, elle est, comme la morue, toute en tête et en épaules. Mais, somme toute, c'est un brave homme qui passe pour avoir du génie ; car il a fait sa réputation *en niant ce qui était, et en expliquant ce qui n'était pas.*

HOP-FROG

HOP-FROG

Personne, à mon avis, n'eut plus de gaieté, ne fut plus facétieux que cet excellent roi. Il n'aimait que les farces. Le meilleur moyen d'obtenir sa faveur était de lui raconter une histoire, dans le genre bouffon. Aussi, ses sept ministres étaient-ils remarquables par leurs talents de farceurs : modelés sur le patron royal, ils avaient la forte corpulence et la bouffonnerie facile de leur maître. Je n'ai jamais pu trancher cette question : les gens engraissent-ils par la farce, ou y a-t-il dans la graisse quelque chose qui prédispose à la farce ? Assurément, un farceur maigre est un oiseau rare.

Le roi ne tenait pas aux subtilités, aux délicatesses de l'esprit. Il admirait la facétie dans toute sa largeur et dans toute sa longueur. Le Gargantua de Rabelais l'aurait emporté à ses yeux sur le Zadig de Voltaire ; enfin, les plaisanteries en action le ravissaient, encore bien mieux que les plaisanteries en paroles.

Au moment où se passe cette histoire, le métier de bouffon de cour n'était pas encore démodé. Quelques monarques avaient conservé leurs fous, sortes d'histrions coiffés de bonnets à sonnettes, toujours prêts à payer en bons mots les miettes de la table royale.

Notre roi avait donc son fou. Il éprouvait un besoin de folie pour oublier la lourde sagesse de ses sept ministres. Pourtant, son bouffon de profession n'était pas simplement un fou ; c'était un fou rare, un fou nain et boiteux. Les nains étaient aussi connus que les fous, à cette époque, où plus d'un monarque aurait trouvé le temps bien long sans un bouffon pour le faire rire et un nain pour rire à ses dépens.

Mais, dans quatre-vingts cas sur cent, les bouffons sont gras, ronds et lourds; aussi notre roi était-il très fier d'avoir, à son service, Hop-Frog (1). Hop-Frog n'était pas le vrai nom du bouffon; il avait été baptisé de la sorte par les sept ministres, en raison de ce qu'il ne marchait pas comme les autres hommes. Dans le fait, Hop-Frog ne pouvait se mouvoir que par sauts et tortillements, ce qui causait au roi un divertissement perpétuel. Pour compenser cette infirmité des jambes, la nature avait doué Hop-Frog d'une puissance musculaire prodigieuse. Ses bras étaient d'acier, ce qui le rendait d'une agilité surprenante quand il s'agissait de grimper à un arbre ou à une corde.

Je ne vous dirai pas la nationalité d'Hop-Frog. Sans doute, venait-il d'une nation barbare, inconnue, très éloignée de la cour de notre roi. Lui, et une jeune fille presque aussi naïve, mais admirablement faite et très bonne danseuse, avaient été enlevés à leurs foyers respectifs et

(1) En anglais, Saute Grenouille.

envoyés en cadeau au roi par un de ses généraux victorieux — ce qui expliquait l'étroite intimité des deux petits captifs, devenus très vite de grands amis. Hop-Frog, très impopulaire malgré ses bouffonneries, ne pouvait pas rendre à Tripetta de grands services; mais elle, par sa grâce et son exquise beauté, jouissait de l'admiration universelle. Elle avait donc beaucoup d'influence et en usait, à toute occasion, au profit de son cher Hop-Frog.

Un jour, le roi résolut, dans je ne sais plus quelle occasion solennelle, de donner un bal masqué. Chaque fois qu'une mascarade ou tout autre divertissement de ce genre avait lieu à la cour, Hop-Frog et Tripetta en étaient les héros par leurs talents divers. Hop-frog surtout, dont l'imagination merveilleuse créait des décorations et des travestissements innombrables, était indispensable.

La nuit de la fête était arrivée. On avait disposé, sous l'œil de Tripetta, une salle de bal éblouissante ; la cour entière était dans la fièvre de l'attente. Chacun avait choisi son costume et son rôle — beaucoup même s'y étaient pris quinze jours ou un mois à l'avance ; seuls, le roi et ses sept ministres restaient encore indécis. J'ignore la cause de leurs hésitations ; sans doute d'aussi lourds personnages ne brillaient pas par l'invention. En attendant, le temps passait ; on envoya donc, comme dernière ressource, chercher Hop-Frog et Tripetta.

Quand les deux petits amis parurent devant le roi, ils le trouvèrent à table, buvant royalement du vin avec ses sept ministres, mais, malgré cela, de fort méchante humeur. Le monarque savait que Hop-Frog avait horreur du vin qui l'excitait jusqu'à la folie ; il ne trouva donc rien de mieux que de débuter par une plaisanterie, en forçant son bouffon à boire.

— Viens près de moi, Hop-Frog, lui dit-il, et bois moi cette rasade à la santé de vos amis absents ! Ici Hop-Frog poussa un long soupir. Cela te rendra drôle, mon garçon ! Il nous faut des types, des caractères, quelque chose de nouveau et de fantastique. Surtout, évite la banalité ! Allons ! bois un coup ! le vin te donnera du génie.

Comme d'habitude, Hop-Frog voulut répondre par un bon mot aux politesses du roi; mais l'effort fut trop grand. C'était précisément le jour de naissance du pauvre bouffon; aussi les larmes jaillirent-elles de ses yeux, à l'ordre de boire à ses amis absents. Tandis qu'il recevait piteusement la coupe des mains de son tyran, ses yeux s'emplirent de larmes qui se mêlèrent au vin en gouttes amères.

— Ha! ha! rugit le roi, comme le nain achevait la coupe, tu vois l'effet d'un verre de bon vin! Déjà tes yeux pétillent.

Pauvre bouffon! ses yeux étincelaient en effet, car le vin avait une action puissante et immédiate sur son cervelet. Il replaça nerveusement le gobelet sur la table, et promena autour de lui un regard de fou. Tous paraissaient ravis de la plaisenterie royale.

— Maintenant, au travail! fit le premier ministre, un homme très gros.

— C'est cela! approuva le roi. Allons! Hop-Frog, éclaire-nous de tes lumières. Des types, mon garçon! sers-nous des types, des caractères!

Nous en avons tous besoin de caractère... ha! ha! ha!

Sur ce prétendu bon mot, les sept ministres se mirent à rire. Hop-Frog rit aussi ; mais d'un rire pâle et distrait.

— Allons! Allons! fit le roi... Dépêche-toi de trouver quelque chose.

— Je tâche de trouver quelque chose de nouveau, répondit le nain tout rêveur, — car le vin l'égarait.

— Tu tâches...! hurla le roi. Que signifie ce mot? Ah! tu nous boudes! et il te faut encore du vin. Eh bien, avale-moi ça!

Et il lui tendit une nouvelle coupe pleine, sans pitié pour ses grimaces effarées.

— Bois! te dis-je... ou par tous les diables...

Le nain reculait, les courtisans souriaient méchamment, le roi devenait pourpre de rage. Alors, pâle comme une morte, Tripetta s'avança jusqu'au fauteuil du tyran et le supplia d'épargner Hop-Frog.

Stupéfait d'une telle audace, le roi la regarda quelques minutes. Il ne savait comment exprimer sa violente indignation. Puis, sans prononcer une parole, il la repoussa cruellement en lui jetant au visage le contenu de la coupe débordante.

La pauvre petite se releva comme elle put, et reprit sa place au pied de la table, n'osant même pas soupirer.

Un silence de mort régna quelques minutes; on aurait entendu tomber une feuille, une plume. Puis, un grincement sourd, mais rauque et prolongé, sembla partir tout d'un coup de tous les coins de la chambre.

Furieux, le roi se retourna vers le nain en lui demandant pourquoi il faisait ce bruit. Ce dernier semblait dégrisé, et regardant fixement mais tranquillement le roi, il s'écria :

— Moi! comment pourrait-ce être moi! Un des courtisans fit remarquer que le son paraissait venir du dehors, et que c'était sans doute le perroquet de la fenêtre qui aiguisait son bec au barreau de sa cage.

— C'est vrai! murmura le monarque. Pourtant j'aurais juré que c'était le grincement de dents de ce misérable.

Le nain se mit à rire — le roi était trop grand farceur pour se formaliser d'un rire — Il montra une formidable et puissante rangée de dents. De plus, il déclara qu'il était prêt à boire tout le vin qu'on voudrait, et, après une copieuse rasade, il se mit à expliquer le plan de la mascarade :

— Je ne puis vous dire, fit-il, comment m'est venue cette association d'idées ; mais, juste après que votre Majesté eût frappé Tripetta, en lui jetant du vin à la face, et tandis que le perroquet criait à la fenêtre, j'ai conçu un divertissement merveilleux. C'est un jeu qu'en mon pays nous introduisons souvent dans les mascarades, mais qu'on ignore absolument ici. Malheureusement, il faudrait être huit...

— Nous sommes précisément huit, s'écria le roi, moi et mes sept ministres. Explique-nous le divertissement.

— Cela s'appelle, dit Hop-Frog, les Huit Orangs-Outangs Enchaînés — et c'est vraiment un jeu fort drôle, quand on l'exécute adroitement.

— Nous l'exécuterons ! fit le roi enchanté.

— Le drôle du jeu, poursuivit Hop-Frog, c'est qu'il est la terreur des femmes...

— Parfait! clamèrent en chœur le monarque et ses ministres.

— C'est moi-même qui vous habillerai en orangs-outangs, ajouta le nain. Fiez-vous à moi: je garantis la ressemblance. Tous les invités vous prendront pour des animaux véritables! Jugez de leur effroi!

— Charmant! fit le roi. Nous ferons de toi un homme, Hop-Frog!

— Le tintement des chaînes augmentera le désordre. On vous supposera échappés à vos gardiens. Quel effet que celui, produit dans un bal par huit orangs-outangs enchaînés, faisant irruption, avec des cris sauvages, au milieu d'une foule brillante et parée!

— Voilà qui est convenu! dit le roi en se levant vivement avec ses ministres, pour exécuter le projet de Hop-Frog; car l'heure pressait.

Le bouffon les travestit en orangs-outangs d'une façon très sommaire, mais suffisante. Les animaux de cette espèce étaient rares alors dans les pays civilisés ; on pouvait donc être pris à la ressemblance indiquée par Hop-Frog. Le roi et ses ministres furent introduits dans des chemises et des caleçons collants qu'on enduisit de goudron. Un des ministres suggéra l'idée de plumes ; mais Hop-Frog n'en voulut pas et n'eut pas de peine à persuader aux huit personnages que le lin représentait bien mieux le poil de l'orang-outang. On en étala donc une couche épaisse par-dessus la couche de goudron. Puis, on se procura une longue chaîne qu'on passa autour de la taille du roi et de ses sept ministres ; enchaînés de la sorte, en s'écartant les uns des autres aussi loin que possible, ils formaient un cercle.

La grande salle du bal était une très haute pièce circulaire où la lumière du soleil pénétrait par une fenêtre unique au plafond ; la nuit, elle était surtout éclairée par un immense lustre, suspendu par une chaîne, s'élevant ou s'abaissant au moyen d'un simple contre-poids qui, pour ne pas nuire à l'élégance décorative, passait en dehors de la coupole et par-dessus le toit.

Tripetta avait été chargée de l'ornementation

de cette salle; mais Hop-Frog l'avait aidée dans l'arrangement de certains détails. Ainsi, d'après son conseil, on avait enlevé le lustre, de peur que l'écoulement de la cire, produit par une atmosphère aussi chaude, ne gâtât les toilettes des invités, trop nombreux et trop pressés pour pouvoir éviter le centre de la salle où pendait le lustre. On y suppléa par des candélabres, allumés un peu partout, et l'on plaça un flambeau parfumé dans la main droite des cinquante ou soixante cariatides qui décoraient les murs.

Suivant l'ordre de Hop-Frog, les huit orangs-outangs ne firent leur entrée qu'à minuit, au milieu de la foule des masques. Au dernier coup de l'horloge, ils se précipitèrent comme une trombe, trébuchant et roulant au milieu de leur chaîne. L'effet fut prodigieux et charma le cœur du roi. La plupart des invités crurent fermement que ces huit êtres féroces étaient de véritables bêtes, sinon des orangs-outangs; quelques femmes s'évanouirent — et le roi et ses ministres auraient pu payer cher leur plaisanterie, si défense n'avait été faite de venir au bal avec des armes. On se précipita vers les portes ; mais on les avait fermées après l'entrée du roi qui en avait gardé les clefs sur lui.

Tandis que la panique était à son comble et que chacun ne pensait qu'à son propre salut, on aurait pu voir la chaîne qui servait à pendre le lustre et qui avait été également retirée, descendre du cintre, jusqu'à ce que le crochet de son extrémité fut à trois pieds du sol.

Au même instant, le roi et ses sept amis, après avoir parcouru la salle en divers sens, se trouvèrent enfin au centre, sous la chaîne. Tandis qu'ils étaient là, le nain, qui ne les avait pas quittés, se saisit de leur chaîne par le milieu entre les deux groupes, et y ajusta rapidement le crochet du lustre. Alors, comme poussée par un agent invisible, la chaîne, remonta assez haut pour mettre le crochet à l'abri de toute portée, enlevant les orangs-outangs tous ensemble, face à face.

Moins alarmés déjà, les masques, qui commençaient à croire à une simple plaisanterie, poussèrent un immense éclat de rire.

— Gardez-les moi ! cria Hop-Frog de sa voix perçante, qui dominait le tumulte. Gardez-les moi ! je crois bien les connaître et je vous dirai de suite qui ils sont.

Alors, il atteignit le mur, arracha un flambeau à l'une des cariatides, revint au centre de la salle, bondit avec l'agilité d'un singe sur la tête du roi, remonta quelques anneaux de la chaîne, et abaissa sa torche sur le groupe des orangs-outangs pour les mieux reconnaître.

Et, tandis que la foule se tordait de rire, le bouffon poussa un sifflement aigu; la chaîne remonta de trente pieds, balançant avec elle les orangs-outangs terrifiés, suspendus entre le châssis et le plancher. Hop-Frog, qui avait suivi le mouvement ascensionnel, rabattit de nouveau sa torche sur eux, comme s'il cherchait à découvrir qui ils pouvaient être. Puis, il poussa un grincement rauque, semblable à celui qui avait ému déjà le roi, quand il avait jeté le vin au visage de Tripetta. Ce n'était pas le perroquet, cette fois, c'était bien le nain qui hurlait ainsi, les dents serrées comme s'il broyait de l'écume, les yeux étincelants de rage.

— Ah! ah! fit-il, je commence à voir qui sont ces gens-là!

Sous prétexte d'examiner de plus près le roi, il approcha le flambeau du vêtement de lin de son maître, qui se fondit immédiatement en une nappe de flammes éclatantes. En quelques secondes, les huit orangs-outangs flambaient furieusement, au milieu des cris d'horreur de la foule, impuissante à leur porter secours.

Puis, les flammes contraignirent Hop-Frog à grimper hors de leur atteinte, plus haut sur sa chaîne. C'est alors que, dans le grand silence de l'épouvante générale, il prit la parole :

— Je vois distictement, maintenant, quels sont ces masques, dit-il. Je vois un roi et ses sept ministres, un roi qui ose frapper une fille sans défense, et ses sept conseillers, qui sourient de son infamie. Je ne suis, moi, que Hop-Frog, le bouffon, et voici ma dernière bouffonnerie!...

L'œuvre de vengeance était déjà accomplie, grâce à l'excessive combustibilité du chanvre et du goudron; les huit cadavres n'étaient plus qu'une masse fétide et hideuse. Hop-Frog lança sa torche sur eux, remonta sa chaîne, et disparut par le plafond vitré.

On croit que Tripetta, en embuscade sur le toit, avait aidé son ami dans son épouvantable vengeance et qu'elle s'enfuit avec lui.

On ne les revit jamais.

LA VÉRITÉ SUR LE CAS
DE M. VALDEMAR

LA VÉRITÉ SUR LE CAS DE M. VALDEMAR

Le cas extraordinaire de M. Valdemar a soulevé des discussions sans fin. Le contraire eût été un miracle. Les efforts de tous les intéressés pour tenir la chose cachée ont donné lieu à des récits écourtés ou exagérés, qui n'ont pas peu contribué à présenter l'affaire sous des couleurs désagréables. Il faut donc me résoudre à rapporter *les faits*, tels du moins que j'ai pu les comprendre moi-même.

Il y a neuf mois environ — depuis trois ans déjà, j'étudiais les phénomènes magnétiques — la pensée me vint que personne jusque-là ne s'était avisé de magnétiser un sujet *in articulo mortis.* La communication fluidique serait-elle possible, se trouverait-elle entravée ou facilitée ; dans quelle mesure la marche de la mort naturelle pourrait-elle en être accélérée ou retardée? Entre beaucoup d'autres, ces trois questions m'intéressaient, à cause de leurs importantes conséquences.

Je me mis en quête d'un sujet, capable de me permettre d'éclaircir ces mystères; et, tout de suite, mes regards se portèrent sur mon ami Ernest Valdemar, le compilateur de la *Bibliotheca forensica,* à qui l'on doit, sous le pseudonyme d'Issachar Max, une traduction en polonais de *Wallenstein* et de *Gargantua.* Depuis 1839, M. Valdemar habitait régulièrement Harlem, New-York. C'était un personnage d'une excessive maigreur, et la blancheur de ses favoris faisait contraste avec sa chevelure noire qui passait pour une perruque. De tempérament nerveux, il était le *sujet* désigné pour les expériences magnétiques ; et, à deux ou trois reprises j'avais, très aisément, déterminé chez lui le sommeil, sans toutefois obtenir sur sa volonté un empire complet. Mais, pour ce qui est de la *clairvoyance*, presque toutes mes espérances avaient été déçues. J'attribuais une partie de mes insuccès au délabrement de sa santé. Plusieurs mois avant notre connaissance, les médecins l'avaient *condamné* comme phtisique ; sa fin prochaine était pour lui un sujet de conversation. Il s'en exprimait avec sang-froid et détachement comme d'une chose convenue, inévitable, à propos de laquelle tout regret eût été oiseux. Sa philosophie m'était donc un garant contre mes scrupules. Avec cela, nul parent de qui redouter une intervention. Je lui exposai mon projet, en toute franchise. Malgré le peu de goût qu'il avait toujours marqué pour les études magnétiques, à ma grande surprise, il prit aussitôt un vif intérêt à la chose. Et sa maladie étant de celles qui admettent l'exacte prévision du *dénoûment*, il fut convenu entre nous que vingt-quatre heures avant le terme marqué par les médecins pour sa mort, il m'enverrait chercher.

Il y a juste sept mois de cela, je reçus le billet suivant de la main de M. Valdemar :

« Mon cher P...

» Vous pouvez aussi bien venir *maintenant* D. et F. s'accordent à dire que je n'irai pas, demain, au delà de minuit ; je crois qu'ils ont calculé juste, ou bien peu s'en faut.

» VALDEMAR. »

Une demi-heure après qu'il était écrit, j'avais ce billet ; quinze minutes plus tard, j'étais dans la chambre du mourant que je n'avais pas vu depuis dix jours. Je fus effrayé de l'altération produite en lui pendant ce court délai. Le visage était couleur de plomb, l'œil entièrement éteint, si grande la maigreur que la peau craquait sous les pommettes. Par un exemple très rare, malgré l'expectoration continue, et le pouls presque insensible, le moribond conservait toutes ses facultés cérébrales, et même une certaine dose de force physique ; il s'exprimait distinctement, et, sans aide, prenait sa potion calmante. Lors de mon entrée dans le chambre, il était soutenu dans son lit par des oreillers, entouré par les docteurs D. et F. et prenait des notes, tranquillement sur un calepin.

Je serrai la main du malade ; puis, je pris à part les médecins de qui j'obtins un minutieux détail de l'état du moribond. Le poumon gauche avait subi, pendant dix-huit mois, une transformation cartilagineuse, semi-osseuse, maintenant, complètement achevée, et se trouvait ainsi tout à fait impropre à la fonction respiratoire. Le poumon droit, également ossifié en sa partie supérieure, n'était plus, dans sa région inférieure, qu'une masse purulente de tubercules se pénétrant les uns les autres. De profondes cavernes avaient perforé le lobe droit avec une rapidité inattendue, en moins d'un mois. Et, depuis trois jours, on remarquait une adhérence permanente des côtes qui s'était subitement déclarée. On croyait, en outre, à un anévrisme de l'aorte ; mais, avec l'ossification du poumon en ce point, comment établir un diagnostic exact ? Les médecins étaient unanimes ; M. Valdemar devait *passer*, le dimanche, vers minuit. Nous étions au soir du samedi, sept heures. Les docteurs quittèrent le moribond après un adieu suprême ; à ma prière, toutefois, ils promirent de revenir dans la soirée, vers dix heures. Eux partis, je m'entretins en toute liberté avec Valdemar de sa fin prochaine. Il manifesta son vif désir de l'expérience projetée, me pressant de commencer. Deux gardes, homme et femme, me semblèrent des témoins insuffisants, au cas d'accident subit. Je n'osais donc procéder à l'expérience. Mais, l'arrivée d'un carabin de mes amis, Théodore L.... et les sollicitations du mourant me décidèrent, d'autant mieux, à ne pas remettre l'expérience, que M. Valdemar s'en allait visiblement.

Théodore L... voulut bien prendre note de ce qui allait advenir. Ce récit est condensé ou copié mot pour mot de ce procès-verbal.

Il était huit heures moins cinq, quand je pris la main du mourant. Je le priai de confirmer à l'étudiant, aussi distinctement que possible, que c'était son désir formel à lui, Valdemar, que je fisse une expérience magnétique sur lui, dans de telles conditions.

Très faiblement — mais très distinctement, arriva cette réponse : Oui, je désire être magnétisé. Il ajouta aussitôt : « Je crains bien que vous n'ayez trop différé ! »

J'avais déjà commencé les passes. J'y employais toute ma puissance ; mais, aucun effet ne se produisit jusqu'à dix heures dix minutes. Les docteurs D... et F... arrivèrent. Je leur expliquai mon dessein ; ils n'y firent nulle objection, disant que la période d'agonie était commencée. Je poursuivis, et changeai seulement les passes latérales en passes longitudinales, concentrant tout mon regard sur l'œil du moribond. Le pouls devenait insaisissable ; la respiration s'obstrua, interrompue de demi en demi-minute. Et ainsi, pendant un quart d'heure. Après ce temps, un soupir horriblement profond s'échappa de la poitrine ; le ronflement s'arrêta, ou plutôt devint imperceptible. Les extrémités étaient glacées. A onze heures moins cinq, les symptômes du sommeil magnétique devinrent non équivoques. L'œil quitta son vacillement vitreux, pour l'expression pénible du regard *en dedans*, particulière aux somnambules. En quelques passes rapides, je provoquai le sommeil ; les paupières palpitèrent d'abord ; j'insistai, elles s'abaissèrent. Par une intense projection de ma volonté, je continuai ; je voulais arriver à la paralysie des membres. Je plaçai les jambes allongées dans une position d'apparence commode : les bras à peu près étendus, reposant sur le lit, à médiocre distance des reins, la tête légèrement élevée. Il était minuit sonné ; je priai les docteurs d'examiner M. Valdemar. Ils reconnurent, après expériences, une catalepsie magnétique parfaite. La curiosité des médecins était très surexcitée. M. D... se décida soudain à demeurer auprès du lit avec nous. Son confrère prit congé, promettant de revenir dès l'aube. Le carabin resta avec les deux gardes.

Jusqu'à trois heures du matin, nous laissâmes ainsi M. Valdemar tranquille. M'approchant de lui, à ce moment, je le trouvai dans la même position exacte qu'au départ du docteur F..., pouls nul, souffle sensible à peine au miroir, paupières closes naturellement, membres rigides et d'un froid de marbre. Je tentai un demi-effort pour entraîner le bras droit du sujet à suivre les mouvements que décrivait le mien, au-dessus du lit. A ma grande surprise, le bras du patient esquissa, bien que faiblement, chacune des directions de mon bras — résultat que j'avais très rarement obtenu autrefois de M. Valdemar, encore bien portant.

— Monsieur Valdemar, — dis-je, — dormez-vous?

Nulle réponse; mais un frisson des lèvres. Deux, trois fois, je répétai. Le corps frémit légèrement, les paupières, glissant en haut, dévoilaient une ligne blanche du globe de l'œil.

Des lèvres, ces mots tombèrent comme un murmure presque inintelligible : — Oui, je dors maintenant ! Ne m'éveillez pas ! — Laissez-moi mourir ainsi !

Le bras, toujours rigide comme les autres membres, obéissait à la direction de ma main. Je poursuivis mes questions : — Souffrez-vous à la poitrine, Valdemar? La réponse fut nette et très accentuée : — Mal? Non... *Je meurs*.

Je renonçai à le tourmenter. Et ainsi jusqu'à l'aube. nous attendîmes. Le docteur F... arriva : il fut stupéfait de trouver son moribond en vie. Il lui tâta le pouls, lui appliqua un miroir aux lèvres et me dit de questionner le somnambule : — Valdemar, demandai-je, vous dormez toujours? Le moribond parut faire effort pour parler. Je répétai la demande. A la quatrième fois, il dit très faiblement : — Oui ! toujours !... je dors... *Je meurs !*

Les médecins furent d'avis que la mort allait survenir d'ici cinq minutes; ils exprimèrent le désir que M. Valdemar fût maintenu jusqu'à la fin dans ce calme apparent, sans être troublé. Contre leur opinion, je tentai de lui parler encore une fois, et répétai ma dernière question. A l'instant, un changement bouleversa la physionomie du patient. Dans les orbites les yeux roulèrent visibles sous les paupières, lentement remontées ; le teint devint cadavéreux, la peau parut un parchemin ou mieux un papier blanc ; les deux taches *hectiques* des pommettes, jusque-là si vives, *s'éteignirent* d'un coup, avec la rapidité d'une flamme soufflée. La lèvre supérieure découvrit les dents tout à l'heure cachées, la mâchoire inférieure tomba avec une saccade d'un bruit sec; la bouche demeura grande ouverte, montrant en plein la langue noire boursouflée. Aussi familiers que nous fussions tous, avec les horreurs d'un lit de mort, si hideux au delà de toute conception fut alors l'aspect de M. Valdemar, que chacun recula...

J'en viens à présent à ce point de mon récit où le lecteur révolté va refuser toute croyance. Le devoir pourtant m'oblige à poursuivre.

A peine en M. Valdemar on percevait encore un très faible symptôme de vitalité. Concluant qu'il était mort, nous le laissâmes aux soins des gardes; tout à coup, la langue s'agita d'un mouvement vibratoire très marqué; cela pendant près d'une minute. Puis, entre les mâchoires distendues, immobiles, une voix jaillit. Cette voix, ce serait folie d'essayer de la décrire; voilà pourtant quelques à peu près : un son âpre, déchiré, caverneux, pouvait s'appliquer à ce bruit hideux, indéfinissable, car il n'a jamais frappé sans doute l'oreille humaine. Comment donner l'idée de cette intonation étrange, extra-terrestre ? Elle semblait arriver à l'ouïe, comme d'une lointaine distance, de quelque abîme souterrain. J'en avais une impression — oh! le moyen de faire comprendre l'inexprimable! — comme de matières gélatineuses où s'englue la main. Le son était d'une syllabisation distincte, terriblement, effroyablement distincte. M. Valdemar *parlait*, répondant à présent seulement, à la question posée par moi quelques minutes auparavant. J'avais demandé, on se souvient, s'il dormait toujours. La voix dit : « — Oui. — Non. *J'ai dormi* et maintenant *je suis mort !* »

Aucun de nous ne tenta de nier ni de réprimer l'indescriptible horreur, le frisson que ces mots provoquèrent en nous. Le carabin s'évanouit. Les gardes s'enfuirent, affolés. Rien ne put les faire revenir. Je ne dis rien de mes propres impressions.

Sans un seul mot, nous nous occupâmes,

le docteur et moi, de rappeler l'étudiant à ses sens. Cela demanda près d'une heure. Nous reprîmes alors nos observations sur le *mort*. Nul vestige de souffle au miroir; une saignée au bras sans résultat; refus absolu des membres de suivre la direction de ma main. Seule, la langue conservait sa vibration caractéristique. Après mes questions, ce mouvement augmentait d'intensité, marquant l'effort d'une volition pour obéir à l'impulsion magnétique, mais insuffisante à formuler la réponse. Je mis le corps en « communication » avec les deux docteurs, puis avec le carabin; mais les questions qu'ils posèrent semblèrent le laisser insensible. Je crois avoir tout dit sur cet état particulier de somnambulisme Nous nous procurâmes d'autres infirmiers, et, à dix heures, je sortis avec les deux médecins et le carabin. Nous revînmes tous dans l'après-midi. L'état du patient était le même. Nous discutâmes l'opportunité de faire cesser le sommeil, et l'avis unanime fut qu'il n'y pouvait avoir aucune utilité. Évidemment, la *mort*, ou ce que nous entendons par ce mot, était suspendue, par l'action magnétique. La minute du réveil eût été la dernière vraisemblablement.

..... Depuis lors, jusqu'à vendredi dernier, — *pendant sept mois entiers*, — nous nous sommes réunis dans la maison de M. Valdemar, avec des médecins et d'autres savants. Pendant ces *sept mois*, le somnambule est demeuré *exactement* dans l'état décrit, sous l'incessante surveillance des gardes. Enfin, vendredi, nous décidâmes le réveil. C'est cette expérience dont le résultat, mal connu, a fait éclore les légendes nées de la crédulité populaire.

Mes premières passes furent sans résultat. Enfin, le signe du retour à la vie fut un abaissement de l'iris, annonçant la fin prochaine de la catalepsie magnétique. Ce mouvement du globe de l'œil fut accompagné du flux abondant d'un liquide jaunâtre, coulant de dessous la paupière, avec une odeur âcre, insupportable. J'essayai d'influencer le bras : aucun résultat. Le docteur F... me suggéra de questionner le sujet. Je prononçai cette phrase :

« — Monsieur Valdemar, pouvez-vous nous

expliquer quels sont présentement vos sensations
et vos désirs ?»

Les taches hectiques se *rallumèrent* aux pommettes. La langue trembla, puis roula avec violence dans la bouche; mais les lèvres et les mâchoires demeurèrent immobiles.,. Après une attente, la voix, la terrifiante voix projeta :

« — Pour l'amour de Dieu ! — vite ! — vite ! — faites-moi dormir ! ou bien, vite ! réveillez-moi ! — vite ! — *Je vous dis que je suis mort !* »

A bout de force nerveuse, pendant une minute je restai indécis, faisant de vagues efforts pour calmer le sujet. Une vacance totale de ma volonté m'enlevait tout pouvoir; je me décidai pour le réveil. Tous, et moi-même, nous nous attendions à la fin du sommeil magnétique. Quant à ce qui arriva, nul être humain n'eût pu le prévoir; c'est au delà du possible.

J'exécutai rapidement les passes du réveil. Sur la langue, comme affolée, les cris : « Mort ! mort ! » faisaient explosion, littéralement, sans passer par les lèvres. Le corps, d'un seul coup, en moins d'une minute, s'affaissa, s'émietta, — se *pourrit* sous nos yeux, entre mes mains. Sur le lit, devant tous les témoins, gisait une masse dégoûtante, quasi liquide, — une abominable putréfaction.

LE CORBEAU

POËME

LE CORBEAU

Poème

Il était minuit. Vaguement, je rêvais au sort de certains volumes oubliés, quoique curieux et bizarres. On heurta doucement à ma porte.

Nous étions en décembre ; les tisons, mourant dans l'âtre, projetaient sur le carreau de rouges silhouettes. En vain, je demandais à mes livres favoris l'oubli de mes peines. Toujours je pensais à elle, à ma Lénore perdue, à la rare et rayonnante jeune fille dont les anges du ciel répètent maintenant le doux nom : Lénore.

Tout, jusqu'au bruissement des rideaux de soie, m'emplissait d'une mélancolique terreur. Pour me rassurer, je me dis en moi-même : « C'est quelque visiteur attardé, rien de plus ! »

Et je criai, sans hésiter davantage : « Monsieur ou madame, je vous demande pardon. Je sommeillais à demi, quand vous vîntes heurter à ma porte. Je ne vous ai pas d'abord entendu, tant vous aviez frappé doucement, »

Alors, j'ouvris la porte ; mais je n'aperçus rien — que les ténèbres de la nuit.

Je regardai plus attentivement dans l'ombre ; mais je ne vis toujours rien. Etais-je donc le jouet d'un rêve étrange ? Je chuchotai le nom de Lénore. L'écho me renvoya ce nom. Et ce fut tout.

Je rentrai dans ma chambre ; mais je ne tardai pas à entendre heurter de nouveau, d'une façon distincte.

« Cette fois, pensai-je, c'est aux persiennes de ma fenêtre. Eclaircissons ce mystère qui trouble mon cœur, et sachons si ce n'est que le vent ! »

Je poussai le volet ; un superbe corbeau s'élança dans ma chambre, en battant gracieusement des ailes. Il ne me fit pas la révérence. Il entra chez moi, comme chez lui, et vint percher, plein de majesté, avec les grands airs d'un lord ou d'une lady, sur un buste de Pallas, au-dessus de ma porte.

Je ne pus m'empêcher de sourire devant la contenance grave de cet oiseau d'ébène : « Dis-moi, fis-je tout haut, quel est ton nom seigneurial, au rivage plutonien de la nuit ? » Il répondit : « Jamais plus ! »

Cette réponse n'avait aucun sens. Etait-il arrivé à quelqu'un de trouver à minuit, au-dessus de sa porte, sur le buste de Pallas, un oiseau qui se nomme : Jamais plus ?

Mais, le corbeau ne prononça que ces deux mots, comme s'il y enfermait toute son âme. Alors, je murmurai tout bas : « Déjà d'autres amis ont pris leur vol ; demain il me laissera, comme mes espérances aussi m'ont laissé tout seul... »

Et l'oiseau dit : « Jamais plus! »

Sans doute, pensai-je, il a pris ces deux mots uniques à quelque maître infortuné, si constamment accablé par le malheur, qu'il ne voulait plus espérer, « jamais plus! »

Je roulai un fauteuil, en face du corbeau, et me mis à chercher dans mon esprit ce que voulait dire ce triste, maigre et sombre oiseau, avec son refrain : « Jamais plus! »

Je n'adressai plus la parole à l'oiseau dont les yeux de flamme me brûlaient le cœur; mais je m'assis en face de lui, afin de le deviner. Ma tête reposait sur un coussin de velours violet, doucement éclairé par une lampe, cette lampe qu'*Elle* n'allumera « Jamais plus. »

L'air me sembla plus léger, comme parfumé par l'encensoir invisible des Séraphins: « Oh! Misérable, m'écriai-je, ton Dieu t'a envoyé, par ses anges, le répit et le népenthès. Bois! oh! bois ce bon népenthès, et oublie cette Lénore perdue! »

Le corbeau dit : « Jamais plus ! »

« Prophète, lui dis-je, oiseau de malheur, oiseau ou démon, dis-moi, je t'en supplie, puisque le diable t'envoie dans mon logis désolé, dis-moi, je t'implore : Y a-t-il du baume, en Judée?... »

Le corbeau dit : « Jamais plus ! »

« Prophète, oiseau ou démon, par les cieux, par le Dieu que nous adorons tous deux, dis, oh ! dis à mon âme, chargée de chagrin, si elle doit embrasser un jour dans l'Eden, une jeune fille sanctifiée, une jeune fille rare et rayonnante que les anges nomment Lénore? »

Le corbeau dit : « Jamais plus ! »

« Puisque tu parles ainsi, hurlai-je, va-t'en ! Quitte moi ! Va-t'en, dans la tempête de la nuit, aux sombres rivages de Pluton. Ne laisse pas ici une seule plume noire pour me rappeler l'affreux mensonge que tu viens de proférer. Laisse-moi seul dans mon abandon ! Quitte ce buste, ôte ton bec de mon cœur, va porter ailleurs ton ombre ! »

Le corbeau dit : « Jamais plus ! »

Et le corbeau, sans bouger, sans voleter, siège encore sur le buste de Pallas, au-dessus de ma porte. Ses yeux ont la lueur des yeux d'un démon qui rêve ; ma lampe projette son ombre à terre, — Et cette ombre ne s'effacera « jamais plus ! »

FIN

TABLE DES MATIÈRES

TABLE DES MATIÈRES

Le scarabée d'or   1
Le puits et le pendule 53
Le portrait ovale 78
La lettre volée 89
Le chat noir 119
Double assassinat dans la rue Morgue 136
Hop Frog 193
La vérité sur le cas de M. Valdemar 216
Le corbeau 235

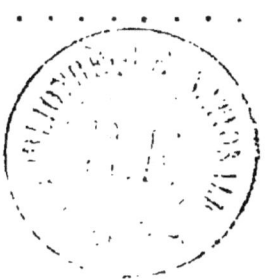

EMILE COLIN. — Imprimerie de Lagny.

EXTRAIT DU CATALOGUE
DE LA
Librairie C. MARPON et E. FLAMMARION
RUE RACINE, 26, PRÈS L'ODÉON

ŒUVRES DE CAMILLE FLAMMARION

Ouvrage couronné par l'Académie Française

ASTRONOMIE POPULAIRE

Quatre-vingtième Mille

Un beau volume grand in-18 jésus de 840 pages
Illustré de 360 gravures, 7 chromolithographies, cartes célestes, etc.
Prix : broché, **12 fr.**; — Relié toile, tr. dor. et plaque, **16 fr.**
Le même ouvrage, édition de luxe, 2 vol. gr. in-8°, 20 fr.

LES ÉTOILES ET LES CURIOSITÉS DU CIEL

DESCRIPTION COMPLÈTE DU CIEL, ÉTOILE PAR ÉTOILE,
CONSTELLATIONS, INSTRUMENTS, ETC.

Quarantième Mille

Un volume grand in-8° jésus, illustré de 490 gravures, cartes
et chromolithographies
Prix : broché, **12 fr.**; — Relié toile, tr. dorées avec plaque, **16 fr.**

LES TERRES DU CIEL

VOYAGE SUR LES PLANÈTES DE NOTRE SYSTÈME
et descriptions des conditions actuelles de la vie à leur surface
OUVRAGE ILLUSTRÉ
DE PHOTOGRAPHIES CÉLESTES, VUES TÉLESCOPIQUES, CARTES & 400 FIGURES
Un volume grand in-8°
Prix : broché, **12 fr.**; — Relié toile, tr. dorées et plaque, **16 fr.**

LE MONDE AVANT LA CRÉATION DE L'HOMME

ORIGINES DU MONDE
ORIGINES DE LA VIE — ORIGINES DE L'HUMANITÉ
Ouvrage illustré de 400 figures, 5 aquarelles, 8 cartes en couleur
Un volume grand in-8° jésus
Prix : broché, **10 fr.**; — Relié toile, tr. dor., plaques, **14 fr.**

Souscription permanente de ces ouvrages en Livraison à
10 *centimes et en série à* **50** *centimes*

ŒUVRES DE CAMILLE FLAMMARION (Suite)

DANS LE CIEL ET SUR LA TERRE
TABLEAUX ET HARMONIES
Illustrés de quatre eaux-fortes de Kauffmann
1 volume in-16 grand jésus. — Prix : 5 fr.

LA PLURALITÉ DES MONDES HABITÉS
AU POINT DE VUE DE L'ASTRONOMIE
DE LA PHYSIOLOGIE ET LA PHILOSOPHIE NATURELLE
33ᵉ édition. — 1 vol. in-18 avec figures. — Prix : 3 fr. 50

LES MONDES IMAGINAIRES ET LES MONDES RÉELS
REVUE DES THÉORIES HUMAINES SUR LES HABITANTS
DES ASTRES
20ᵉ édition. — 1 vol. in-18 avec figures. — Prix : 3 fr. 50

DIEU DANS LA NATURE
OU LE SPIRITUALISME ET LE MATÉRIALISME DEVANT LA SCIENCE
MODERNE
20ᵉ édition. — 1 fort vol. in-18 avec portrait. — Prix : 4 fr.

RÉCITS DE L'INFINI
LUMEN. — HISTOIRE D'UNE AME. — HISTOIRE D'UNE COMETE.
LA VIE UNIVERSELLE ET ÉTERNELLE
10ᵉ édition. — 1 vol. in-18. — Prix : 3 fr. 50

SIR HUMPHRY DAVY

LES DERNIERS JOURS D'UN PHILOSOPHE
ENTRETIENS SUR LA NATURE ET SUR LES SCIENCES
Traduit de l'anglais et annoté
7ᵉ édition française. — 1 vol. in-18. — Prix : 3 fr. 50

MES VOYAGES AÉRIENS
JOURNAL DE BORD DE DOUZE VOYAGES EN BALLONS, AVEC
PLANS TOPOGRAPHIQUES
1 volume in-18. — Nouvelle édition. — Prix : 3 fr. 50

BIBLIOTHÈQUE SCIENTIFIQUE POPULAIRE

PUBLIÉE SOUS LA DIRECTION DE

CAMILLE FLAMMARION

LA
CRÉATION DE L'HOMME

ET LES

PREMIERS AGES DE L'HUMANITÉ

PAR

H. DU CLEUZIOU

UN VOLUME GRAND IN-8° JÉSUS

ILLUSTRÉ DE 350 GRAVURES

5 grandes planches tirées à part et 2 cartes de dolmar

Prix broché. . . . .   10 francs
Prix, le volume tranches dorées . .   14 francs

ALPHONSE DAUDET

LA BELLE-NIVERNAISE
Histoire d'un vieux Bateau et de son Équipage
ÉDITION DE GRAND LUXE

Illustrée par **MONTÉGUT**, *de 200 Gravures dans le texte et de 21 Planches à part tirées en phototypie*

Un beau volume grand in-8° jésus

Prix : broché, **10** fr. — Relié toile, tr, dor., pl. or, **14** fr.
Demi-chagrin, **16** fr.

HECTOR MALOT

LA PETITE SŒUR

Un beau volume grand in-8° jésus
ILLUSTRÉ

PAR CHAPUIS, DASCHER, G. GUYOT, H. MARTIN, MOUCHOT, ROCHECROSSE, VOGEL

GRAVURE DE F. MÉAULLE
PRIX :

Broché, **10** fr. — Relié toile, tranches dorées : **14** fr.
Demi-chagrin, tranches dorées : **16** fr.

ALPHONSE DAUDET

TARTARIN SUR LES ALPES
ÉDITION ILLUSTRÉE DE 150 COMPOSITIONS
PAR
MM. MYRBACH, ARANDA, DE BEAUMONT, ROSSI, MONTENARD
Frontispice et couverture, aquarelles de ROSSI
PORTRAIT DE L'AUTEUR

Un volume in-18. — Prix . . . . **3 fr. 50**

Reliure toile, plaque : **5** fr. — En belle reliure d'amateur : **6** fr.

TARTARIN DE TARASCON
ÉDITION ILLUSTRÉE
PAR MONTÉGUT, ROSSI, MIRBACH, ETC.
Un volume in-18. — Prix . . . . . . **3 fr. 50**

Dʳ P. LABARTHE

DICTIONNAIRE POPULAIRE

DE

MÉDECINE USUELLE

D'HYGIÈNE PUBLIQUE ET PRIVÉE

Illustré de près de 1,100 figures

Publié par le Docteur Paul LABARTHE

AVEC LA COLLABORATION

De professeurs agrégés de la Faculté de Médecine,
de Membres de l'Institut, de l'Académie de Médecine, de Médecins
et de Pharmaciens des Hôpitaux,
de Professeurs à l'École pratique, d'anciens chefs de clinique
et des principaux spécialistes.

*L'ouvrage forme deux beaux volumes grand in-8° jésus
de près de 2,000 pages.*

PRIX DES DEUX VOLUMES :

Brochés : **25** fr. — Reliés, demi-maroquin : **35** fr.

Ouvrage indispensable aux familles, et contenant la description de toutes les maladies, leurs symptômes et leur traitement; les secours aux empoisonnés, aux noyés, etc.; l'hygiène des enfants, des femmes, des vieillards, l'hygiène de chaque profession, etc., etc.

OUVRAGE COURONNÉ PAR L'ACADÉMIE FRANÇAISE
MARIE ROBERT HALT

HISTOIRE D'UN PETIT HOMME
ÉDITION DE GRAND LUXE, ORNÉE DE 100 GRAVURES
UN VOLUME GRAND IN-8° JÉSUS
Prix : broché, **10** fr. ; relié toile, tranches dorées, **14** fr.
Demi-chagrin, **16** fr.

MARIE ROBERT HALT

LA PETITE LAZARE
ÉDITION DE GRAND LUXE ILLUSTRÉE PAR GILBERT
UN VOLUME GRAND IN-8° JÉSUS
Prix : broché, **10** fr. ; relié toile, tranches dorées, **14** fr.
Demi-chagrin, **16** fr.

JOSEPH MONTET

CONTES PATRIOTIQUES
EAUX-FORTES ET ILLUSTRATIONS DE
Jean Béraud, Gilbert, Le Révérent, Sergent, Chaperon, Caran d'Ache, Willette, etc.
UN VOLUME IN-16 SUR PAPIER DE LUXE
Prix : broché, **5** fr. ; relié toile, tranches dor., plaque or, **6** fr.

PAUL DÉROULÈDE

MONSIEUR LE HULAN
OU LES TROIS COULEURS
ILLUSTRÉ DE 16 COMPOSITIONS DE KAUFFMANN
Tirées en couleur
UN ÉLÉGANT ALBUM IN-4°
Relié richement avec plaque en couleur. — Prix : **5** fr.

ŒUVRES DE J. MICHELET

HISTOIRE DE FRANCE

19 BEAUX VOLUMES IN-18 A **3 FR. 50** LE VOLUME
(Chaque volume se vend séparément).
Cartonnage à l'anglaise : **50** centimes en sus.

DIVISION DE L'OUVRAGE

tomes		tomes	
I à VIII	Moyen-Age.	XIII	Henri IV et Richelieu.
IX	La Renaissance.	XIV	Richelieu et la Fronde.
X	La Réforme.	XV et XVI	Louis XIV.
XI	Les Guerres de religion.	XVII	La Régence.
XII	La Ligue et Henri IV.	XVIII et XIX	Louis XV et Louis XVI.

HISTOIRE DE LA RÉVOLUTION
Par J. MICHELET
9 volumes in-18. — 3 fr. 50 le vol.
Cartonnage à l'anglaise. . . . 50 cent. en sus

HISTOIRE DU DIX-NEUVIÈME SIÈCLE

Origine des Bonaparte, 1 vol. in-18. . . . 3 fr. 50
Jusqu'au Dix-huit Brumaire, 1 vol. in-18 3 fr. 50
Jusqu'à Waterloo, 1 vol. in-18. . . . . . 3 fr. 50
Cartonnage à l'anglaise, 50 cent. en sus

ABRÉGÉS D'HISTOIRE DE FRANCE

Moyen-Age, 1 vol. in-18 avec cartes. . . . . 4 fr.
Temps modernes, 1 vol. in-18 avec cartes . . 4 fr.
Précis de la Révolution française, 1 vol. in-18
avec cartes (*dixième mille*). . . . . 4 fr.

Cet ouvrage a été honoré de Souscriptions au **Ministère de l'Instruction publique** et à la **Ville de Paris**
Cartonnage à l'anglaise, 50 centimes en sus.

DU MÊME AUTEUR
NOTRE FRANCE
SA GÉOGRAPHIE — SON HISTOIRE
Un volume in-18 orné de cartes. — Prix. . . . . . 3 fr. 50
Cartonnage à l'anglaise 50 centimes en sus

MA JEUNESSE | MON JOURNAL
Un vol. in-18. — Prix : 3 fr. 50 | Un vol. in-18. — Prix : 3 fr. 50

UN HIVER EN ITALIE
LE BANQUET
Un vol. in-18. — Prix : **3 fr. 50**

La Sorcière, 1 vol. in-18. . . . . 3 fr. 50
La Montagne, 1 vol. in-18. . . . . 3 fr. 50
Nos Fils, 1 vol. in-18. . . . . 3 fr. 50

OUVRAGES UTILES

BARON BRISSE

LA CUISINE

A L'USAGE

Des MÉNAGES BOURGEOIS et des PETITS MÉNAGES

AUGMENTÉE DE MENUS ET RECETTES NOUVELLES

1 fort vol. in-18 avec de nombreuses gravures. — Cartonné élégamment : 3 fr. 50

HENRIOT

LE SECRÉTAIRE ILLUSTRÉ

Instruction générale sur le service des postes et des télégraphes.
Lettres officielles et pétitions;
Lettres de jour de l'an et de fête; Lettres de remerciements, félicitations, condoléances; Lettres relatives aux mariages; Lettres d'amoureux;
Lettres relatives aux nouveau-nés, aux parrains et aux nourrices;
Lettres relatives à des demandes d'argent;
Lettres ou demandes de militaires; Lettres de recommandations et de demandes d'emplois; Lettres d'affaires, de fournisseurs, de propriétaires, de fermiers.
Actes usuels, etc. — Ce qu'il ne faut pas écrire.

NOMBREUSES ILLUSTRATIONS DE HENRIOT

1 vol. in-18. — Cartonné élégamment : 3 fr. 50

CHARLES DIGUET

CHASSES DE MER ET DE GRÈVES

LIVRE DE VOYAGE DU CHASSEUR ET DU BAIGNEUR

Un vol. in-18. — Prix : 3 fr. 50

POUR SE MARIER

TRADITIONS MONDAINES — USAGES — FORMALITÉS

Illustrations de MARIE DE SOLAR et JULES HANRIOT

Un vol. in-18. — Prix : 3 fr.

FISCH-HOCK

LE LIVRE DU PÊCHEUR

ILLUSTRÉ

Un volume in-18. — Cartonné élégamment : 3 fr. 50